오케이지 ~~

무조건
일본여행회화

일본어교재연구원 엮음

도서
출판 **YEGA**

이 책의 특징 미리 보기

❶ 상황별 대표 회화에 단어를 바꿔가면서 다양한 표현을 익힌다.

❷ 초보자도 쉽게 대화할 수 있도록 한글발음을 네이티브에 가깝게 수록하였다.

❸ 미리 알고 가면 현지에서 유용하게 쓰이는 일단어로 즐거운 여행을 준비한다.

CONTENTS

이 책의 특징 미리 보기   2
완벽한 여행 준비   8
가장 많이 쓰이는 기본회화   26

PART 1 출입국

단어 바꿔가면서 다양한 대표 회화 익히기   51
UNIT 01 설레는 기내   52
UNIT 02 침착한 입국심사   60
UNIT 03 수하물&세관검사&환전   64
UNIT 04 공항에서 호텔로 이동   68
일본 여행 정보에 관한 tip   72
미리 알고 가면 유용한 일단어   76

PART 02 호텔

단어 바꿔가면서 다양한 대표 회화 익히기   79
UNIT 01 예약&체크인하기   80
UNIT 02 룸서비스 이용하기   86
UNIT 03 부대시설 이용하기   90
UNIT 04 트러블 해결하기   94
UNIT 05 체크아웃 하기   98
일본 여행 정보에 관한 tip   102
미리 알고 가면 유용한 일단어   106

PART 03 레스토랑

단어 바꿔가면서 다양한 대표 회화 익히기　109
UNIT 01 식당 찾아가기　110
UNIT 02 음식 주문하기　116
UNIT 03 맛있는 음식 즐기기　120
UNIT 04 식당 내 트러블　126
UNIT 05 패스트푸드 즐기기　130
UNIT 06 음식값 계산하기　133
일본 여행 정보에 관한 tip　136
미리 알고 가면 유용한 일단어　140

PART 04 교통

단어 바꿔가면서 다양한 대표 회화 익히기　143
UNIT 01 길 물어보기　144
UNIT 02 택시로 이동하기　150
UNIT 03 버스로 이동하기　153
UNIT 04 관광버스로 이동하기　155
UNIT 05 지하철&기차로 이동하기　156
UNIT 06 렌트카로 이동하기　161
UNIT 07 자동차로 이동하기　164
일본 여행 정보에 관한 tip　167
미리 알고 가면 유용한 일단어　170

PART 05 관광

단어 바꿔가면서 다양한 대표 회화 익히기　173
UNIT 01 관광 안내소에서　174
UNIT 02 관광하기　177
UNIT 03 관람하기와 사진찍기　181

UNIT 04 흥미&레저활동하기 188

일본 여행 정보에 관한 tip 193

미리 알고 가면 유용한 일단어 198

PART 06 쇼핑

단어 바꿔가면서 다양한 대표 회화 익히기 201

UNIT 01 쇼핑센터 찾기 202

UNIT 02 원하는 물건 찾기 204

UNIT 03 원하는 색상과 디자인 찾기 208

UNIT 04 백화점&면세점 쇼핑 212

UNIT 05 물건 계산 216

UNIT 06 포장&배송 219

UNIT 07 반품&환불 221

일본 여행 정보에 관한 tip 224

미리 알고 가면 유용한 일단어 228

PART 07 초대&통신

단어 바꿔가면서 다양한 대표 회화 익히기 231

UNIT 01 초대와 방문 232

UNIT 02 전화 걸고 받기 235

UNIT 03 우체국&은행 239

일본 여행 정보에 관한 tip 242

미리 알고 가면 유용한 일단어 245

PART 08 트러블

단어 바꿔가면서 다양한 대표 회화 익히기 247

UNIT 01 일본어가 서투를 때 248

UNIT 02 위급상황 대처하기 250

UNIT 03 물건 도난 시 대처하기　　　　　　　　253
UNIT 04 교통사고 시 대처하기　　　　　　　　256
UNIT 05 병원에서 진료받기　　　　　　　　　260
일본 여행 정보에 관한 tip　　　　　　　　　264
미리 알고 가면 유용한 일단어　　　　　　　269

PART 09 귀국

단어 바꿔가면서 다양한 대표 회화 익히기　　271
UNIT 01 항공편 예약&확인하기　　　　　　　272
UNIT 02 비행기 수속&탑승하기　　　　　　　276
일본 여행 정보에 관한 tip　　　　　　　　　280

기본 일단어 알아두기　　　　　　　　　　282

완벽한 여행 준비

여권과 비자

여권

외국을 여행하는 사람의 신분이나 국적을 증명하고 상대국에 그 보호를 의뢰하는 서류로 소지할 의무가 있다. 일반 여권, 관용(官用) 여권, 외교관 여권 등이 있다.

여권발급(전자, 복수여권 기준)

본인이 직접 신청한다. 단 질병, 장애 및 만 18세 미만의 미성년자는 제외되며 구비서류는 여권발급신청서, 여권용 사진 1매, 신분증, 남자는 병역 관계 서류를 제출한다.

종류	종전 일반여권(녹색)	차세대 일반여권(남색)			
디자인					
단수 / 복수	복수여권	복수여권			
유효기간	4년 11개월	10년		5년	
사증면수	24면 또는 48면(선택 불가)	58면	26면	58면	26면
수수료	15,000원	53,000원	50,000원	45,000원	42,000원

여권사진

• 여권발급 신청일 전 6개월 이내에 촬영한(천연색 의상과 모자나 머리 장신구를 하지 않은) 상반신 사진을 제출해야 함

- 본인이 직접 촬영한 사진은 여권 사진 규격에 적합하게 해야 사용 가능함
- 사진 편집 프로그램, 사진 필터 기능 등을 사용하여 임의로 보정한 사진은 허용 불가함
- 여권 사진의 크기는 가로 3.5cm X 세로 4.5cm, 머리 길이는 정수리(머리카락을 제외한 머리 최상부)부터 턱까지 3.2~3.6cm 사이인 사진을 제출해야 함
- 사진 편집 프로그램(포토샵 등)을 사용하여 배경을 지우거나 흰색 배경에 인물을 임의로 합성한 사진은 제출 불가함
- 머리가 중앙에 위치해야 하며, 얼굴과 어깨는 정면을 향해야 함(측면 포즈 불가)
- 입은 다물어야 하며(치아 노출 불가), 미소(눈을 가늘게 뜨고 얼굴을 찡그리기) 짓거나 눈썹을 올리지 않는 무표정이어야 함

비자

한국은 단기체재(90일 이내) 목적으로 일본에 입국할 경우 비자가 면제된다. 비자(사증)는 몇 가지 종류로 구분되는데 입국목적과 체재예정 기간이 기재되어 있어 입국 심사 시 입국목적에 맞지 않은 사증을 가지고 있으면 입국이 허가되지 않는다. 필요한 서류는  사증신청서, 주민등록등본 또는 주민등록증 사본, 사진 1매, 재류자격인정증명서, 여권 등이 필요하다.

※ 재류자격인정증명서는 일본 측의 회사나 학교의 직원 등이 일본의 지방입국관리국에 신청하여 교부 받는 것으로 이 증명서를 발급받으면 사증발급이 쉽고 빠르다. 단, 유효기간이 교부 후 3개월이므로 그 이전에 입국해야 한다.

입국이 허가되었을 때 재류 자격 및 그에 맞는 재류 기간이 부여된다.

공항 환전소보다 일반 거래 은행을 이용한다

공항 환전소는 많은 여행객이 환전할 수 있는 마지막 창구이기 때문에 수수료가 비싸게 운영되므로 공항에 가기 전에 시중은행에서 필요한 금액을 미리 환전해 놓는다. 최소한의 경비만 환전할 계획이라면 가까운 은행에서 환전해도 무방하다. 더욱 좋은 환율을 적용받고 싶다면 시내 금융가의 본지점에서 환전하는 것이 유리하다.

환율은 주가처럼 끊임없이 변하므로 은행마다 조금씩 차이가 있고 은행 중에서 가장 환율이 싼 은행을 선택하여 환전하는 것이 좋으며 은행에서 발행하는 환율 우대쿠폰도 확인해 본다.

인터넷 환전

인터넷 환전은 최대 90%의 환율 우대를 이용할 수 있으며 다양한 이벤트도 많이 한다. 은행 앱에서 외화를 구매한 뒤, 원하는 지점에서 돈을 받으면 된다. 또 공동구매처럼 여러 명이 모여 좀 더 높은 환율 우대를 받는 방법도 있다.

화폐 단위는 여러 가지로 준비한다

일본의 경우 고액권 사용이 쉬운 편으로 만 엔을 편의점에서도 간단히 바꿀 수 있다. 다만 분실에 대비하여 환전할 때 너무 큰 단위로 환전하지 않는다. 또 외화 동전은 기준 환율의 50~70% 수준에서 살 수 있지만, 환전이 가능한 곳이 따로 있으

니 미리 알아보고 환전한다. 다만 무
게가 있고 휴대가 불편하므로 사용
할 만큼만 교환하고 한국에 돌아와
동전을 다시 환전할 때는 50% 가격
밖에 쳐주지 않으므로 돌아오기 전
에 모두 사용하고 돌아오거나 동행
인이 있다면 동전을 모아 지폐로 교

환하는 방법도 있고 공항 내 유니세프 모금함에 기부하는 방법도 있다.

국제현금카드를 준비한다
국제현금카드의 장점은 해외에서도 국내 예금을 현지 화폐로 찾아 쓸 수 있다는
것과 환전의 번거로움이 없다는 것이다. 시중은행에서 신청하면 되고 분실 시 해
외에서 재발급이 불가능하므로 미리 2장을 만드는 것도 좋은 방법이다. 출국 전
비밀번호 4자리를 미리 확인하고 계좌 잔액도 확인한다. 일본 세븐일레븐이나 우
체국의 ATM을 사용하면 된다.

해외에서 사용 가능한 신용카드를 준비한다
- 현지통화 기준으로 결제한다 – 원화결제 시
  현지통화 결제보다 환전 수수료가 1회 더 부
  과되므로 현지통화 기준으로 결제하는 것이
  바람직하다.
- 출입국 정보 활용 서비스와 SMS 서비스는
  기본으로 활용한다 – SMS를 신청하여 해
  외에서도 신용카드 결제 내용을 휴대전화로
  바로 확인하고 출입국 정보 활용 서비스를
  통해 신용카드의 부정 사용을 사전에 막아

준다.

- 신용카드사 신고 센터 전화번호를 반드시 메모한다 – 신용카드 분실, 도난당한 후에 즉시 카드사에 신고하고 귀국 즉시 서면으로 분실신고를 한다.
- 카드가 분실, 도난, 훼손당하였으면 긴급 대체카드 서비스를 이용한다 – 신용카드를 사용할 계획으로 현금을 조금만 환전했는데 신용카드를 분실 했다면 당황하지 말고 긴급 대체카드 서비스를 이용하면 2일 내 새 카드를 발급받을 수 있다. 단, 임시 카드이므로 귀국 후 반납하고 정상 카드를 다시 발급받는다.
- 카드 유효기간과 결제일을 확인한다 – 아무 생각 없이 카드를 챙겨갔다가 카드 유효기간이 만료되어 사용하지 못하는 상황이 일어나지 않도록 미리 확인한다.
- 국제 브랜드 로고를 확인한다 – 해외에서 사용 가능한 카드인지 미리 확인해 둔다.
- 여권과 카드상의 영문 이름이 일치하는지 확인한다 – 여권상의 영문 이름과 신용카드 상의 영문 이름이 다를 경우 카드 결제를 거부하는 예도 있으니 여권과 카드상의 영문 이름이 일치하지 않으면 재발급받는다.

※ 일본의 경우 백화점이나 쇼핑몰 외에 카드 사용이 안 되는 경우가 많다. 대도시의 쇼핑을 목적으로 하지 않는다면 어느 정도 현금을 가져가야 한다. 또한, 신용카드 사용에 제한이 있을 수가 있는데 예를 들어 VISA는 되고 MASTER는 안된다는 식이다.

핸드폰 로밍과 유심칩, 와이파이도시락 이용하기

• 로밍은 지금 이용하는 전화번호 그대로 사용하면서 데이터, 통화를 이용할 수 있는 통신요금제로 이벤트 적용 시 저렴한 가격으로 이용할 수 있다.

• 유심은 기내에서 유심칩을 바꾸어 끼고 전원을 켜면 자동으로 셋업 되고 여행하는 나라의 번호가 새로 생성되어 이용하는 시스템이다. 현지에 가서 구매해도 되지만 그렇게 하면 공항에서 렌터카, 숙소이동 등이 불편해질 수 있으므로 한국에서 구입해 가는 것을 추천한다.

• 와이파이도시락은 국가별 이동통신사의 데이터 신호를 Wi-Fi 신호로 바꿔주는 데이터 로밍 단말기이다. '와이파이'는 데이터를, '도시락'은 휴대성을 의미하며, 해외여행 시 데이터를 도시락처럼 간편하게 휴대하여 언제 어디서든 쉽고 빠른 대용량 데이터를 사용할 수 있다.

국제운전면허증

도로교통에 관한 국제협약에 따라 일시적으로 해외에서 운전할 수 있도록 발급되는 운전면허증으로 가까운 경찰서에서 신청하면 된다. 유효기간은 받은 날로부터 1년이며 면허의 효력이 없어지거나 취소된 때에는 그 효력도 없어지고, 국내운전면허의 효력이 정지된 때는 그 정지기간 중 효력이 정지된다.

빠짐없이 짐 챙기기

수하물로 보낼 것들

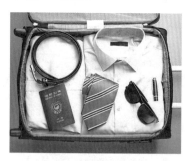

• 가방에 옷을 넣을 때 돌돌 말아 압축팩에 담으면 구김이 덜 가고 부피도 줄일 수 있다.

• 입은 옷과 벗은 옷을 분리해서 담기 위해 여분의 압축팩을 준비하고 깨지기 쉬운 것은 옷 속에 넣어두면 완충효과가 있다.

• 신발과 속옷은 낡아서 버릴 계획이 있는 것으로 가져가 여행이 끝날 때 버리고 돌아오자. 짐도 가벼워지므로 그 자리를 쇼핑 물품으로 채울 수 있어서 좋다. 여성의 경우 속옷은 브래지어 안에 팬티나 양말 등을 넣어 공 모양으로 만들어 가면 캡이 눌리지 않는다.

• 상비약으로는 소화제, 감기약, 지사제, 일회용 반창고, 상처 치료 연고, 진통제 등을 준비한다.

• 혹시 모를 쇼핑을 위해 장바구니를 챙겨가는 것도 환경을 위해 좋다.

• 일본은 110V를 사용하기 때문에 멀티탭을 꼭 준비해 간다. 준비한 전자기기 수만큼의 멀티탭을 가져가면 유용하며 충전기나 보조 배터리를 여러 개 가져가는 것이 좋다.

• 일본은 생각보다 비가 자주 오는 편이므로 접는 우산 또는 양산 하나 정도는 챙겨가는 것이 좋다.

• 라면은 내용물만 따로 모아 지퍼백에 담고 용기는 차곡차곡 포개 한꺼번에 포장하면 더 많은 공간을 확보할 수 있다. 일본 용기라면은 우리나라보다 더 다양한데 얼큰한 맛의 김치맛 라면과 컵 누들 씨푸드가 평이 좋은 편이다. 고추장 튜브나 볶

음 김치 팩을 가져가도 좋지만, 현지에서도 쉽게 구매할 수 있으니 짐을 생각한다면 생략해도 좋다.

• 모자는 자외선 차단 기능 외에도 보슬비 정도는 커버되므로 우산보다 편하다. 요즘 호텔에는 슬리퍼가 없는 곳이 많으므로 숙소에서도 편하게 신을 수 있는 휴대용 슬리퍼나 샌들을 여름이 아니어도 챙겨가면 좋다.

기내 가방에 넣을 것들

• 여권과 분실을 대비한 여권사본, 사진 1매를 준비한다.

• 호텔 바우처를 프린트해서 가면 프런트에서 좀 더 빠르게 체크인할 수 있다.

• 항공권을 온라인으로 구매했다면 미리 e 항공권을 출력해간다.

• 보조 배터리는 수하물 짐에 넣지 말고 기내 가방에 넣어야 하며 카메라, 노트북, 태블릿 PC 등을 수하물 짐에 넣으면 파손될 수 있으니 기내에 가지고 탑승한다.

• 여행경비를 환전할 현금과 신용카드, 동전 지갑을 준비한다.

• 여행지도와 여행 책자로 동선을 미리 계획하고 준비하면 편리하다.

• 볼펜은 출입국 신고서 작성에도 필요하며 수첩에 주요 전화번호 등을 미리 메모해 가면 좋다.

면세점에서 쇼핑하기

면세점에서 쇼핑하기

1인당 미화 $800까지 허용되는데 이를 초과하는 경우 세관 신고 후 세금을 납부해야 한다. 술, 담배, 향수는 별도 면세범위 이내에서 추가 구매가 가능하다.

• 술 : 두 병까지 가능하며 합산 2ℓ 이하로서 총 US $400 이하여야 함
• 담배 : 궐련형은 200개비(10갑)
• 향수 : 60㎖

술과 담배는 만 19세 미만인 청소년은 구매할 수 없다.

국내 공항 면세점은 외국 공항 면세점보다 규모도 크고 품목도 다양할 뿐 아니라 국내 브랜드도 입점해 있다. 면세점은 출국 시에만 이용할 수 있고 도착 후에는 이용할 수 없으니 주의한다.

시내 면세점

시내 호텔과 백화점에 있는 면세점에서도 구매할 수 있는데 출국일 30일 전부터 구매 가능하다. 본인의 여권을 가지고 출국 일자와 비행기 편명을 숙지하고 방문하면 되고 구매한 물품은 출국일에 지정된 인도장에서

받을 수 있다. 시내 면세점은 시간을 가지고 여유롭게 쇼핑할 수 있는 장점이 있으며 공항 면세점보다 물품이 다양하다.

인터넷 면세점

공항 면세점보다 저렴하면서 각종 할인과 적립금이 있는 것이 장점이다. 또한, 출국일 60일 전부터 구매할 수 있으므로 천천히 시간의 구애를 받지 않고 쇼핑할 수 있다. 물건을 직접 보지못한다는 것과 물건이 다양하지 않다는 단점이 있다.

기내 면세점

기내 면세 판매 시간에 구매할 수 있고 귀국 시 기내에서도 구매할 수 있다. 시내 면세점이나 공항 면세점보다 저렴하지만, 물량이나 종류가 한정되어 있어 찾는 물건이 없거나 품절되는 경우가 많다. 출국 시 귀국날짜, 귀국 편명, 영문 이름, 물품명을 적어 승무원에게 주면 귀국하는 기내에서 물건을 받을 수 있다.

쿠사츠 온천

도쿄에서 3~4시간 거리에 자리잡고 있으며 찬물을 섞으면 효험이 떨어진다고 해서 온천물을 식히기 위해 만든 유바타케가 유명하다. 뜨거운 물을 식히는 작업인 유모미는 공연 관람과 체험을 동시에 할 수 있다. 유황성분이 함유되어 있으며 강한 산성의 온천수는 세균이나 잡균이 번식할 수 없어 높은 살균력으로 피부에 뛰어난 효능을 준다. 신경통, 근육통, 동맥경화, 타박상, 당뇨병, 고혈압, 피로회복, 피부병 등에 도움이 된다.

주변 여행

• 사이노가와라 공원 – 차량으로 30분 거리에 위치. 화산활동으로 인한 다양한 생태 현상을 관찰할 수 있고 온천수가 계곡을 따라 흐르는 진기한 자연경관을 볼 수 있다.

• 온천자료관 – 쿠사츠 온천 지역의 역사와 효능 등이 전시되어 있으며 쿠사츠 온천을 이해하는 데 도움이 된다. 쿠사츠 터미널 2층에 자리잡고 있다.

※ 특별한 볼거리보다 심신을 편안히 하고 온천을 즐기는 데 적합하다.

노보리베츠 온천

삿포로역에서 1시간 거리에 자리잡고 있으며 '하얗고 짙은 색의 강'이라는 뜻이다. 다양한 성분의 온천이 솟는데 세계적으로도 희귀한 경우로 유황천, 명반천, 망

초천, 석고천, 산성천 등 11가지 온천수가 있으며 피부미용에 효과가 높은 미인탕이 유명하다. 홋카이도에 많은 온천지가 있지만, 그중에서도 노보리베츠는 홋카이도를 대표하는 온천지로 다채로운 테마파크가 집중되어 있어 온천과 관광을 함께할 수 있는 것이 장점이다.

주변 여행

• 지고쿠다니 – 타케야마라는 활화산의 분화구 흔적으로 자욱한 수증기와 화산가스, 유황 냄새가 사람들이 상상하는 지옥의 모습과 흡사하다고 해서 지옥 계곡이다.

• 마린파크닉스 – 중세 르네상스 양식의 성을 재현하여 북유럽의 로맨틱한 분위기로 꾸며져 있다. 초대형 수족관에 다양한 물고기 관람과 물개쇼, 돌고래쇼 등의 볼거리를 제공하며 특히 펭귄 퍼레이드가 인기가 많다.

• 아이누민속촌 – 홋카이도의 원주민이었던 아이누족의 문화를 보존하기 위해 만들어졌다. 의식주, 신앙, 생활 모습을 담은 전시관과 전통악기, 노래, '곰의 영혼을 위로하는 의식' 등 공연을 통해 소박한 원주민의 문화를 체험할 수 있다.

유후인 온천

쿠사츠, 노보리베츠와 함께 고집스레 전통을 이어온 온천중의 하나로 규슈 오이타현에 있는 산골 마을이다. 온천의 용출량이 일본에서 두 번째로 많고 염화물과 유황을 비롯해 많은 광물질을 함유하고 있다. 이웃집 토토로의 배경지로 아기자기하면서 소박한 상점들과 개성 만점 갤러리가 자리하고 있으며 유후인 산을 바라보며 조용히 온천을 즐길 수 있는 것이 장점이다.

주변 여행

• 기린코 호수 – 차가운 물과 뜨거운 물이 함께 솟아나는 호수는 작은 크기에 실망하지만, 새벽에 물안개가 피어오르면 그 아름다움에 감탄하게 된다.

• 샤갈 미술관 – 정식 명칭은 마르크 샤갈 유후인 기린코 미술관으로 기린코 호수

옆에 있으며 샤갈이 서커스를 주제로 그린 작품 40여 점을 감상할 수 있다.

도쿄 온천

도쿄 온천은 일본에서 가장 오래된 역사를 지닌 온천으로 황실 전용 온천이 있다. 화려한 전통미가 흐르는 건축물은 '센과 치히로의 행방불명'의 모티브가 될 만큼 동양적이면서 이국적이다. 실내는 소박하고 단조로운 편으로 수건 이용료가 있으니 미리 준비해 간다. 도쿄 온천 역에서 출발하여 도쿄 온천을 끼고 쇼핑 거리가 이어져 있어 볼거리도 충분하다.

이부스키 온천

일본 본토의 최남단인 가고시마를 대표하는 온천지로 스나무시(온천수에 자연적으로 데워진 모래찜질) 온천이 유명한 곳이다. 거의 모든 숙소에서 스나무시를 즐길 수 있지만, 숙박객도 별도의 요금을 내야 한다. 모래찜질 후 몸 안의 노폐물이 몸 밖으로 빠져나와 한결 개운해지는 느낌을 받게 되며 어깨 결림과 요통에 효능이 있는 것으로 알려져 있으며 혈액순환에도 도움이 된다.

벳푸 온천

일본 제일의 용출량을 자랑하는 벳푸는 마을 곳곳에서 유황 냄새와 수증기가 뿜어져 나와 신비로운 정취를 이룬다. 이곳에는 지옥 온천 순례가 유명한데 간나와 지구를 중심으로 8개의 지옥 온천을 둘러보는 것인데 8개의 온천 중 코발트블루 빛이 아름다운 우미 지옥과 60마리의 악어를 키우는 악어 지옥이 유명하다.

지브리 박물관

미야자키 하야오의 마니아라면 그
가 디자인한 도쿄 지브리 박물관
에 가 본다. 기치조지의 이노카시
라 공원 안에 있으며 예쁘게 잘 꾸
며진 공원을 한적하게 걷다 보면 애
니메이션 속의 한 장면 같은 지브
리 박물관을 만날 수 있다. 건물 안
에는 그의 작업실을 그대로 재현한 방을 비롯하여 미야자키 특유의 상상력 넘치
는 공간들과 웃음을 자아내는 소품들로 관람객들을 동심의 세계로 이끈다. 지하
에는 영화상영실과 도서관람실 등이 있어 애니메이션 역사와 제작과정을 보여준
다. 천공의 성 라퓨타에 등장하는 로봇병이 낯설지 않다. 사전예약제이고 우리나
라 여행사를 통해 예약하거나 박물관 홈페이지에서 직접 예약할 수 있는데 일어
와 영어로 제공된다.

도쿄국립박물관

가장 오래된 박물관이면서 일본을 대표하는 박물관으로 6개의 건물로 나뉜다. 본
관, 헤이세이관, 동양관, 호류지 보물관, 구로다 기념관, 효케이관이다. 6개 건물
중 일반적으로 관람하는 곳은 4곳이다. 효케이관은 1909년 당시 황태자(훗날 다
이쇼(大正) 천황)의 결혼을 기념해 지은 2층 건물이다. 이 건물은 소규모 특별전
을 할 때만 개방하고 평소에는 열지 않는다. 구로다 기념관은 1928년 서양화가 구
로다 세이키(黒田淸輝)를 기념하기 위해 지었다. 1년에 3번만 문을 연다. 본관 뒤

편에는 박물관 관람 후 산책할 수 있는 정원이 있다.

국립서양미술관

중세부터 근대에 이르는 회화, 조각, 판화, 공예 등 4,500여 점을 소장하고 있으며 르누아르, 고갱, 로댕, 고흐 등 유럽 거장들의 작품도 다수 전시되어 있다. 12번째까지 진품으로 인정하는 로댕의 생각하는 사람은 1층에 있는 것이 진품이다. 도쿄 우에노 공원에 있어 국립박물관과 과학박물관까지 모두 관람할 수 있고 한글 제공 홈페이지가 운영되고 있다.

국립과학박물관

자연 과학 박물관으로 일본열도에 사는 생물과 자연 등을 전시한 일본관과 지구의 탄생에서부터 근현대 과학에 이르기까지 자연의 탄생과 과학의 발전을 총망라한 지구관이 있으며 옥외에 설치된 대왕고래 조형물은 과학박물관의 상징이다. 전시물의 질적, 양적인 측면 모두 세계 유수의 자연사 박물관 이상의 평가를 받고 있다.

교토국립박물관

1897년 서구화와 근대화의 풍조 속에서 사라져 가는 문화재를 보호하기 위하여 개관되었다는 교토국립박물관은 아이러니하게도 너무나 아름다운 서양식 건물이다. 특히 단풍이 물든 가을에 메이지 시대의 붉은 벽돌 담장과 정문에서 바라본 특별전시관은 어떤 미사여구를 붙여도 부족할 만큼 아름답고 그 자체가 중요문화재이다. 고고학적 유물, 도자기, 조각, 회화 등 다양한 분야의 작품을 소장하고 있다.

삿포로 눈축제

홋카이도 삿포로에서 열리는 축제로 고교생이 6개의 눈 조각을 만든 것이 시초가 되어 세계적으로도 유명한 축제로 성장했다. 매년 2월 초에 1주일 정도 열리며 약 250~330개의 크고 작은 눈 조각을 전시하며 다양한 행사도 진행된다. 또한 국제 눈 조각 콩쿠르를 통해 외국 참가자들의 이국적 작품도 만날 수 있다. 예약은 필수이며 오도리 행사장의 경우 밤 10시까지 라이트업 된다.

마쓰리

우리말로 축제를 의미하는데 정확히 말하면 제사를 겸한 축제이다. 원래 마쓰리는 마을의 수호신에게 올리는 제례의식이었는데 마을 사람들이 의식을 준비하면서 지역 놀이문화로 발전하였기 때문에 지역마다 특징에 맞게 열린다. 지역마다 각기 다른 배경과 내용을 가지고 있지만 신을 맞이하고 극진히 대접하여 건강과 행복을 기원하는 최종 목표는 같다. 마쓰리를 통해 일본 문화를 경험하고자 하는 외국인들의 방문이 끊이질 않는다.

• 도쿄 간다마쓰리

도쿄의 간다에서 열리는 민속축제로 매년 5월 15일 가까운 주말에 열린다. 200여 대의 미토시(가마)가 행진하는 모습과 이를 뒤따르는 악공과 무용수들이 거리를 누비며 축제 분위기를 북돋는 광경이 장관이다.

• 교토 기온마쓰리

일본 중요 무형 민속문화재이며 매년 7월 1일부터 31일까지 한 달간 야사가 신사에서 여러 가지 행사가 열린다. 17일은 축제의 절정으로 수레의 행진이 시작되는데 일본은 물론 세계 각국에서 많은 사람들이 모여든다.

• 오사카 텐진마쓰리

매년 7월 24일~25일 지상과 바다에서 펼쳐지는 다채롭고 화려한 행사가 시작되면 전통의상을 입은 사람들의 퍼레이드와 화려한 천과 등불로 장식된 100여 척의 배들이 강을 따라 내려간다.

아오모리 네부타 축제

아오모리현 아오모리시에서 8월 2일부터 7일까지 열리는 축제로 대나무와 철사로 뼈대를 만들고 그 위에 색색의 한지를 붙여 아주 큰 네부타라는 무사 인형 등불을 만들어 시내를 행진한다. 가을 수확 전에 일의 방해가 되는 졸음을 쫓고자 시작된 축제로 단체나 마을마다 다양한 디자인의 네부타를 만들어 자동차가 아닌 사람들이 직접 수레를 끌고 행진한다.

소마노마오이

후쿠시마현 소마 지방의 1000년의 역사를 가진 전통행사로 일본의 중요 무형문화재로 지정되어 있다. 전통 모습 그대로 간직한 갑옷을 입은 기마 무사 500여 명이 모여 경주하는 모습은 짜릿한 스릴은 물론 일본 문화의 진수를 맛볼 수 있다. 축제의 하이라이트는 마지막 날 신전에 제사를 지내는 것으로 전통을 그대로 재현해 또 다른 재미를 안겨준다. 매년 7월 말쯤에 3일간 진행된다.

가장 많이 쓰이는 기본회화

	あ단	い단	う단	え단	お단
あ행	あ 아 [a]	い 이 [i]	う 우 [u]	え 에 [e]	お 오 [o]
か행	か 카 [ka]	き 키 [ki]	く 쿠 [ku]	け 케 [ke]	こ 코 [ko]
さ행	さ 사 [sa]	し 시 [si]	す 스 [su]	せ 세 [se]	そ 소 [so]
た행	た 타 [ta]	ち 치 [chi]	つ 츠 [tsu]	て 테 [te]	と 토 [to]
な행	な 나 [na]	に 니 [ni]	ぬ 누 [nu]	ね 네 [ne]	の 노 [no]
は행	は 하 [ha]	ひ 히 [hi]	ふ 후 [hu]	へ 헤 [he]	ほ 호 [ho]
ま행	ま 마 [ma]	み 미 [mi]	む 무 [mu]	め 메 [me]	も 모 [mo]
や행	や 야 [ya]		ゆ 유 [yu]		よ 요 [yo]
ら행	ら 라 [ra]	り 리 [ri]	る 루 [ru]	れ 레 [re]	ろ 로 [ro]
わ행	わ 와 [wa]				を 오 [o]
	ん 응 [n, m, ng]				

카타카나 익히기

	ア단	イ단	ウ단	エ단	オ단
ア행	ア 아 [a]	イ 이 [i]	ウ 우 [u]	エ 에 [e]	オ 오 [o]
カ행	カ 카 [ka]	キ 키 [ki]	ク 쿠 [ku]	ケ 케 [ke]	コ 코 [ko]
サ행	サ 사 [sa]	シ 시 [si]	ス 스 [su]	セ 세 [se]	ソ 소 [so]
タ행	タ 타 [ta]	チ 치 [chi]	ツ 츠 [tsu]	テ 테 [te]	ト 토 [to]
ナ행	ナ 나 [na]	ニ 니 [ni]	ヌ 누 [nu]	ネ 네 [ne]	ノ 노 [no]
ハ행	ハ 하 [ha]	ヒ 히 [hi]	フ 후 [hu]	ヘ 헤 [he]	ホ 호 [ho]
マ행	マ 마 [ma]	ミ 미 [mi]	ム 무 [mu]	メ 메 [me]	モ 모 [mo]
ヤ행	ヤ 야 [ya]		ユ 유 [yu]		ヨ 요 [yo]
ラ행	ラ 라 [ra]	リ 리 [ri]	ル 루 [ru]	レ 레 [re]	ロ 로 [ro]
ワ행	ワ 와 [wa]				ヲ 오 [o]

ン
응 [n, m, ng]

01 안녕. (아침 인사)

おはよう。

오하요-

02 안녕하세요. (아침 인사)

おはようございます。

오하요-고자이마스

03 안녕하세요. (낮 인사)

こんにちは。

콘니치와

04 안녕하세요. (밤 인사)

こんばんは。

콘방와

05 안녕히 주무세요.

おやすみなさい。

오야스미나사이

01 참 오랜만이군요.

本当に久しぶりですね。

혼토-니 히사시부리 데스네

---

02 다시 만나서 반갑습니다.

また、お会いできてうれしいですね。

마타, 오아이데키테 우레시-데스네

---

03 그동안 어떻게 지내셨나요?

その後どう過ごしていましたか。

소노고 도- 스고시테 이마시타까?

---

04 여전하시네요.

相変わらずですね。

아이카와라즈 데스네

---

05 뵙고 싶었습니다.

お会いしたかったです。

오아이시타캇타데스

29

01 처음 뵙겠습니다.

はじめまして。

하지메마시테

---

02 미우라 씨, 잘 부탁해요.

三浦さん、よろしくお願いね。

미우라상, 요로시쿠 오네가이네

---

03 저야말로 잘 부탁합니다.

こちらこそよろしく。

코치라코소 요로시쿠

---

04 뵙게 되어 매우 기쁩니다.

お目にかかれてとても嬉しいです。

오메니카카레테 토테모 우레시이데스

---

05 미하시에게 말씀은 들었습니다.

三橋からうわさを聞いてました。

미츠하시카라 우와사오 키이테 마시타

---

01 **결정하기 전에 다시 한 번 생각해 보세요.**

決める前にもう一度考えてみなさい。

키메루마에니 모- 이치도 캉가에테 미나사이

---

02 **함께 안 할래요?**

一緒にやらない。

잇쇼니 야라나이?

---

03 **좀 거들어 주지 않겠어요?**

ちょっと手伝ってくれない。

춋토 테츠닷테 쿠레나이?

---

04 **저와 함께 가보지 않겠습니까?**

私と一緒に行ってみませんか。

와타시토 잇쇼니 잇테 미마셍까?

---

05 **우리 집에 식사하러 오지 않겠어요?**

私の家に食事に来ませんか。

와타시노 이에니 쇼쿠지니 키마셍까?

31

01 미안. / 미안해요.

ごめん。/ ごめんなさい。

고멘 / 고멘나사이

---

02 미안합니다.

すみません。

스미마센

---

03 앞으로는 주의를 하겠습니다.

これからは気をつけます。

코레카라와 키오츠케마스

---

04 기다리게 해서 죄송합니다.

お待たせしてすみません。

오마타세시테 스미마센

---

05 기분을 망치게 했다면 죄송합니다.

お気に触ったらごめんなさい。

오키니 사왓타라 고멘나사이

32

01 저야말로 감사합니다.

こちらこそどうもありがとう。

코치라코소 도-모 아리가토-

02 친절하게 대해줘서 고마워요.

ご親切にどうもありがとう。
しん せつ

고신세츠니 도-모 아리가토-

03 당신 덕분에 도움이 되었습니다.

あなたのおかげで助かりました。
たす

아나타노 오카게데 타스카리 마시타

04 고마워요. / 고맙습니다.

ありがとう。 / ありがとうございます。

아리가토- / 아리가토- 고자이마스

05 도와줘서 고마워요.

手伝ってくれてありがとう。
て つだ

테츠닷테 쿠레테 아리가토-

01 안녕히 가세요.

さようなら。/ ごきげんよう。

사요-나라 / 고키겡요-

---

02 안녕히 계세요. 그럼 또 나중에 만나요

さようなら。ではまた後で会いましょう。

사요-나라. 데와마타 아토데 아이마쇼-

---

03 가까운 시일에 또 뵙죠.

近いうちにまたお会いしましょう。

치카이 우치니 마타 오아이시마쇼-

---

04 그럼, 내일 또 봐요.

では、また明日会おう。

데와 마타아시타 아오-

---

05 모두에게 안부 전해 주세요.

皆さまによろしく。

미나사마니 요로시쿠

34

01 지금 몇 시입니까?

今、何時ですか。

이마, 난지데스까?

02 몇 시에 도착입니까?

何時到着ですか。

난지 토-챠쿠데스까?

03 시간이 없어요.

時間がありませんよ。

지캉가 아리마센요

04 이제 갈 시간입니다.

もう行く時間ですよ。

모- 이쿠 지칸데스요

05 걸어서 몇 분 걸립니까?

歩いて何分かかりますか。

아루이테 난풍 카카리마스까?

35

01 그곳으로 가는 가장 좋은 방법은 무엇입니까?

ここから一番いい行き方は何ですか。

코코카라 이치방 이-이키카타와 난데스까

---

02 제가 지금 있는 곳이 어디입니까?

私が今いる所はどこですか。

와타시가 이마이루 토코로와 도코데스까?

---

03 이건 얼마예요?

これはいくら。

코레와 이쿠라?

---

04 이건 어떻습니까?

これはどうですか。

코레와 도-데스까?

---

05 그걸 주세요. 얼마입니까?

それをください。いくらですか。

소레오 쿠다사이. 이쿠라데스까?

36

06 이 디자인은 지금 유행하고 있습니까?

このデザインは今流行してますか。

코노 데자잉와 이마 류-코-시테마스까?

---

07 도착하면 알려 주시겠어요?

着いたら知らせてくださいますか。

츠이타라 시라세테 쿠다사이마스까?

---

08 매표소는 어디입니까?

切符売り場はどこですか。

킵푸 우리바와 도코데스까?

---

09 이 도시의 특산품은 무엇입니까?

この町の特産品は何ですか。

코노 마치노 토쿠상힝와 난데스까?

---

10 제조 연월일은 언제입니까?

製造年月日はいつですか。

세이조-넹갑피와 이츠데스까?

01 그건 몇 층에 있습니까?

それは何階にありますか。

소레와 낭가이니 아리마스까?

02 근처에 OO 가게는 있습니까?

近くに○○屋はありますか。

치카쿠니 OO야와 아리마스까?

03 병원에는 어떻게 가면 좋을까요?

病院へはどう行けばいいですか。

뵤-잉에와 도-이케바 이-데스까?

04 한국대사관은 어디입니까?

韓国大使館はどこですか。

캉코쿠 타이시캉와 도코데스까?

05 이 버스는 공항에 갑니까?

このバスは空港へ行きますか。

코노 바스와 쿠-코-에 이키마스까?

06 면세점이 백화점 안에 있습니까?

免税店がデパートの中にありますか。

멘제-텡가 데파-토노 나카니 아리마스까?

---

07 어디서 싸게 살 수 있습니까?

どこで安く買えますか。

도코데 야스쿠 카에마스까?

---

08 매장 안내는 있습니까?

売場案内はありますか。

우리바 안나이와 아리마스까?

---

09 관광 안내소는 어디입니까?

観光案内所はどこですか。

캉코-안나이죠와 도코데스까?

---

10 환전 창구는 어디입니까?

両替の窓口はどこですか。

료-가에노 마도구치와 도코데스까?

01 어느 정도 머무르실 예정입니까?

どのくらいの滞在予定ですか。

도노쿠라이노 타이자이 요테이데스까?

---

02 1박에 얼마입니까?

一泊、いくらですか。

입파쿠, 이쿠라데스까?

---

03 요금은 얼마입니까?

料金はいくらですか。

료-킹와 이쿠라 데스까?

---

04 오후 늦게까지 방을 쓸 수 있을까요?

午後遅くまで部屋を使えますか。

고고 오소쿠마테 헤야오 츠카에마스까?

---

05 추가요금은 얼마입니까?

追加料金はいくらですか。

츠이카 료-킹와 이쿠라데스까?

06 입장료는 얼마입니까?

入場料はいくらですか。

뉴-죠-료-와 이쿠라데스까?

---

07 몇 시간 걸립니까?

何時間かかりますか。

난지캉 카카리마스까?

---

08 해약 대기는 몇 명 정도입니까?

キャンセル待ちは何人ぐらいですか。

캰세루마치와 난닝구라이 데스까?

---

09 짐은 몇 개 입니까?

荷物はいくつですか。

니모츠와 이쿠츠데스까?

---

10 인천에 언제 도착합니까?

仁川にいつ到着しますか。

인촌니 이츠 도-챠쿠 시마스까?

01 이거 써도 됩니까?

これ使<small>つか</small>ってもいいですか。

코레츠캇테모 이-데스까?

---

02 들어가도 됩니까?

入<small>はい</small>ってもいいですか。

하잇테모 이-데스까?

---

03 여기에 앉아도 됩니까?

ここに座<small>すわ</small>ってもいいですか。

코코니 수왓테모 이-데스까?

---

04 화장실을 써도 됩니까?

トイレを借<small>か</small>りてもいいですか。

토이레오 카리테모 이-데스까?

---

05 여기서 사진을 찍어도 됩니까?

ここで写真<small>しゃしん</small>を撮<small>と</small>ってもいいですか。

코코데 샤싱오 톳테모 이-데스까?

01 그게 좋겠습니다.

それがいいです。

소레가 이-데스

02 유감스럽지만 안 됩니다.

残念ながらだめです。

잔넨나가라 다메데스

03 그렇군요.

そのとおりです。

소노 토-리 데스

04 네, 알겠습니다.

はい、分かりました。

하이, 와카리마시타

05 먼저 하세요.

お先にどうぞ。

오사키니 도-조

01 오늘 밤, 빈방은 있습니까?

今晩、空き部屋はありますか。

콤방, 아키베야와 아리마스까?

---

02 한국어를 할 줄 아는 사람이 있습니까?

韓国語を話せる人はいますか。

캉코쿠고오 하나세루 히토와 이마스까?

---

03 지금 하고 있는 축제가 있습니까?

今している祭りがありますか。

이마 시테이루 마츠리가 아리마스까?

---

04 안에 들어갈 수 있습니까?

中に入れますか。

나카니 하이레마스까?

---

05 항공권은 가지고 계십니까?

航空券をお持ちですか。

코-쿠-켕오 오모치데스까?

44

06 이건 기내로 가지고 들어 갈 수 있습니까?

これは機内に持ち込めますか。

코레와 키나이니 모치코메마스까?

---

07 한국으로 보내줄 수 있나요?

韓国へ送ってもらえますか。

캉코쿠에 오쿳테 모라에마스까?

---

08 지금 주문하면 곧 받을 수 있습니까?

いま注文すれば、すぐ手に入りますか。

이마 츄-몬스레바, 스구테니 하이리마스까?

---

09 할부로 할 수 있을 까요?

分割払いでできますか。

붕카츠바라이데 데키마스까?

---

10 이 주위에 지하철역은 있습니까?

この周辺に地下鉄の駅はありますか。

코노 슈-헨니 치카테츠노 에키와 아리마스까?

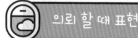

01 지하철 노선도를 한 장 주실래요?

地下鉄の路線図を一枚もらえますか。

치카테츠노 로센즈오 이치마이 모라에마스까?

---

02 오사카 왕복 한 장 주세요.

大阪まで往復一枚ください。

오-사카마데 오-후쿠 이치마이 쿠다사이

---

03 요금표를 보여 주세요.

料金表を見せてください。

료-킹효-오 미세테 쿠다사이

---

04 펜을 빌려 주시지 않겠어요?

ペンを貸してくださいませんか。

펭오 카시테 쿠다사이 마셍까?

---

05 메뉴를 보여 주시겠어요?

メニューを見せてくれますか。

메뉴-오 미세테 쿠레마스까?

46

06 선물을 사고 싶은데요.

お土産を買いたいんですが。

오미야게오 카이타잉데스가

07 저걸 보여 주세요.

あれを見せてください。

아레오 미세테 쿠다사이

08 배달해 주시겠어요?

配達していただけますか。

하이타츠시테 이타다케마스까?

09 견본을 보여 주세요.

見本を見せてください。

미홍오 미세테 쿠다사이

10 두 사람 좌석을 주십시요.

二人の席をお願いします。

후타리노 세키오 오네가이시마스

01 어떡하면 좋지요?

どうしたらいいか。

도- 시타라 이-카?

02 저, 내가 말하는 뜻은 알겠어요?

あのう、私の言う意味は分かるでしょう。

아노-, 와타시노 이우 이미와 와카루데쇼-?

03 뭐라고 했나요?

何て言ったの。

난테 잇타노?

04 무슨 뜻입니까?

どういう意味ですか。

도-이우 이미데스까?

05 정말입니까?

本当ですか。

혼토-데스까

---

01 **의사를 불러 주세요.**

医者を呼んでください。

이샤오 욘데 쿠다사이

---

02 **구급차를 부탁합니다! 자동차 사고입니다.**

救急車をお願いします! 自動車事故です。

큐-큐-샤오 오네가이시마스! 지도-샤지코데스

---

03 **경찰을 불러 주세요.**

警察を呼んでください。

케-사츠오 욘데 쿠다사이

---

04 **도와줘요! 사고예요!**

助けて! 事故だ!

타스케테! 지코다!

---

05 **정면충돌 사고입니다.**

正面衝突事故です。

쇼-멘쇼-토츠 지코 데스

PART 01

출입국 出入国

∴ 단어 바꿔가면서 다양한 대표 회화 익히기

( )는(은) 있습니까?
　　　　　はありますか。

コーラ	**オレンジジュース**	**ワイン**	**ビール**
코-라 콜라	오렌지 쥬-스 오렌지 주스	와인 와인	비-루 맥주

( )로 주세요.
　　　　　ください。

鶏肉(けいにく)	**豚肉(ぶたにく)**	**牛肉(ぎゅうにく)**	**海産物(かいさんぶつ)**
케이니쿠 닭고기	부타니쿠 돼지고기	규-니쿠 소고기	카이산부츠 해산물

( )를(을) 주세요.
　　　　　をください。

新聞(しんぶん)	**雑誌(ざっし)**	**薬(くすり)**	**ボールペン**
심붕 신문	잣시 잡지	쿠스리 약	보-루펜 볼펜

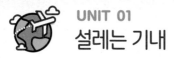

UNIT 01
설레는 기내

안녕하세요? (아침)

おはようございます。
오하요- 고자이마스?

탑승권 좀 보여주시겠습니까?

搭乗券をちょっと見せてくださいませんか。
とうじょうけん　　　　　　　　　　　　み
토-죠-켕오 춋토 미세테 쿠다사이마셍까?

여기 있습니다.

はい、これです。

하이, 코레데스

제 자리는 어디입니까?

私の席はどこですか。
わたし　せき
와타시노 세키와 도코데스까?

52

(탑승권을 보이며) 13B 좌석은 어디입니까?

13Bの席はどこですか。

쥬-삼비노 세키와 도코데스까?

저기 창가쪽 좌석입니다.

あそこの窓側の席です。

아소코노 마도가와노 세키데스

(옆 사람에게) 자리를 바꿔 주시겠습니까?

席を替わっていただけますか。

세키오 카왓테 이타다케마스까?

제 친구와 좌석이 떨어져 있어서요.

友達と席が離れているので。

토모다치토 세키가 하나레테이루노데

53

여기는 제 자리인데요.

ここは私の席ですが。

코코와 와타시노 세키데스가

저기 빈자리로 옮겨도 되겠습니까?

向こうの空いている席に移動してもいいですか。

무코-노 아이테이루 세키니 이도-시테모 이-데스까?

잠깐 지나가겠습니다.

ちょっと通してください。

촛토 토-시테 쿠다사이

음료는 뭘로 드시겠습니까?

お飲み物は何になさいますか。

오노미모노와 나니니 나사이마스까?

어떤 음료가 있습니까?

どんな飲み物がありますか。

돈나 노미모노가 아리마스까?

콜라는 있습니까?

コーラはありますか。

코-라와 아리마스까?

맥주 주세요.

ビールください。

비-루 쿠다사이

저기요, 맥주 하나 부탁합니다.

すみません、ビール一つお願いします。

스미마셴, 비-루 히토츠 오네가이시마스

베개와 모포를 주세요.

枕と毛布ください。

마쿠라토 모-후 쿠다사이

한국어 신문은 있습니까?

韓国語の新聞はありますか。

캉코쿠고노 심붕와 아리마스까?

식사는 언제입니까?

しょくじ
食事はいつですか。

쇼쿠지와 이츠 데스까?

닭고기로 하시겠습니까, 쇠고기로 하시겠습니까?

けいにく　　　　　　　　ぎゅうにく
鶏肉になさいますか、牛肉になさいますか。

케이니쿠니 나사이마스까, 규-니쿠니 나사이마스까?

쇠고기로 주세요.

ぎゅうにく
牛肉にください。

규-니쿠니 쿠다사이

식사는 필요 없습니다.

しょくじ　　い
食事は要りません。

쇼쿠지와 이리마셍

식사는 다 하셨습니까?

しょくじ　　　　す
食事はお済みですか。

쇼쿠지와 오스미데스까?

잘 먹었습니다.

ごちそうさま。

고치소-사마

면세품을 판매하고 있나요?

免税品を販売していますか。

めんぜいひん　はんばい

멘제-힝오 함바이 시테 이마스까?

(면세품 사진을 가리키며) 이거 있나요?

これありますか。

코레 아리마스까?

가장 인기가 있는 제품은 어느 것입니까?

一番人気のある製品はどれですか。

いちばん　にん き　　　　　　　　せいひん

이치방닝키노 아루 세-힝와 도레데스까?

한국 돈으로도 되나요?

韓国のお金でいいですか。

かんこく　　　かね

캉코쿠노 오카네데 이-데스까?

몸이 좀 불편합니다. 약을 주세요.

少し気分が悪いです。薬ください。

스코시 기붕가 와루이데스. 쿠수리 쿠다사이

멀미약은 있습니까?

酔い止めはありますか。

요이도메와 아리마스까?

비닐봉투를 주세요.

ビニール袋ください。

비니-루 부쿠로 쿠다사이

소화제를 주시겠어요?

消化剤くださいませんか。

쇼-카자이 쿠다사이 마센까?

두통약은 없습니까?

頭痛薬はありませんか。

즈츠-야쿠와 아리마셍까?

추운(더운)데요.

寒い(暑い)のですが。

사무이(아츠이)노데스가

아까 부탁한 물은 아직인가요?

さっき頼んだ水がまだですが。

삭키 타논다 미즈가 마다데스가?

헤드폰 상태가 안 좋습니다.

ヘッドホーンの調子が悪いです。

헷도호-노 쵸-시가 와루이데스

시모노세키에는 언제 도착합니까?

下関にはいつ着きますか。

시모노세키니와 이츠 츠키마스까?

날씨는 좋습니까?

天候はいいですか。

텐코-와 이-데스까?

UNIT 02
침착한 입국심사

이것은 입국 카드입니까?

これは入国カードですか。

코레와 뉴-코쿠 카-도데스까?

이 서류 작성법을 가르쳐 주세요.

この書類の書き方を教えてください。

코노 쇼루이노 카키카타오 오시에테 쿠다사이

여권을 보여 주십시오.

パスポートを見せてください。

파스포-토오 미세테 쿠다사이

입국 목적은 무엇입니까?

入国の目的は何ですか。

뉴코쿠노 모쿠테키와 난데스까?

관광입니다.

観光です。

캉코-데스

사업입니다.

ビジネスです。

비지네스데스

유학입니다.

留学です。

류-가쿠데스

어느 정도 머무르실 예정입니까?

どのくらいの滞在予定ですか。

도노쿠라이노 타이자이 요테이데스까?

61

얼마나 체재하십니까?

何日間の滞在ですか。
〔なんにちかん／たいざい〕

난니치캉노 타이자이데스까?

일주일 체재합니다.

一週間の滞在です。
〔いっしゅうかん／たいざい〕

잇슈-캉노 타이자이 데스

어디에 머무십니까?

どこに滞在しますか。
〔たいざい〕

도코니 타이자이시마스까?

호텔에 머뭅니다.

ホテルに泊まります。
〔と〕

호테루니 토마리마스

(메모를 보이며) 숙소는 이 호텔입니다

宿泊先はこのホテルです。
〔しゅくはくさき〕

슈쿠하쿠사키와 코노 호테루데스

(호텔은) 아직 정하지 않았습니다.

まだ決めていません。

마다 키메테 이마셍

일본은 처음입니까?

日本は初めてですか。

니홍와 하지메테데스까?

네, 처음입니다.

はい、初めてです。

하이, 하지메테데스

아니요, 이번이 두 번째입니다.

いいえ、今度で二度目です。

이-에, 콘도데 니도메데스

됐습니다.

結構です。

켁코-데스

UNIT 03
수하물&세관검사&환전

짐은 어디서 찾습니까?

手荷物はどこで受け取りますか。

테니모츠와 도코데 우케토리마스까?

이건 300편 턴테이블입니까?

これは300便のターンテーブルですか。

코레와 삼바쿠빈노 턴테-부르데스까?

300편 짐은 나왔습니까?

300便の荷物はもう出てきましたか。

삼바쿠 빈노 니모츠와 모- 데테 키마시타까?

제 짐이 보이지 않습니다.

私の手荷物が見つかりません。

와타시노 테니모츠가 미츠카리마셍

이게 수하물 교환증입니다.

これが手荷物引換証です。

코레가 테니모츠 히키카에쇼-데스

세관신고서는 가지고 계십니까?

税関申告書をお持ちですか。

제-칸싱코쿠쇼오 오모치데스까?

신고할 것은 있습니까?

申告するものはありますか。

싱코쿠스루 모노와 아리마스까?

이 가방을 열어 주십시오.

このバッグを開けてください。

코노 박구오 아케테 쿠다사이

내용물은 무엇입니까?

中身は何ですか。

나카미와 난데스까?

이건 뭡니까?

これは何ですか。

코레와 난데스까?

일용품뿐입니다.

日用品だけです。

나치요-힝 다케데스

친구에게 줄 선물입니다.

友達へのお土産です。

토모다치에노 오미야게데스

다른 짐은 있나요?

他に荷物はありますか。

호카니 니모츠와 아리마스까?

이건 과세 대상입니다.

これは課税対象となります。

코레와 카제-타이쇼-토 나리마스

과세액은 얼마입니까?

課税額はいくらですか。

카제-가쿠와 이쿠라데스까?

이걸 환전해 주시겠어요?

これを両替してください。

코레오 료-가에시테 쿠다사이

잔돈도 섞어 주세요.

小銭も混ぜてください。

코제니모 마제테 쿠다사이

계산이 틀린 것 같은데요.

計算が違っているようですが。

케-상가 치갓테이루 요-데스가

UNIT 04
공항에서 호텔로 이동

시내로 가는 가장 빠른 교통수단은 무엇입니까?

市内へ行く一番速い交通手段は何ですか。

시나이에 이쿠 이치방 하야이 코-츠-슈당와 난데스까?

택시 승강장은 어디입니까?

タクシー乗り場はどこですか。

타쿠시-노리바와 도코데스까?

시내로 가는 버스는 있습니까?

市内へ行くバスはありますか。

시나이에 이쿠 바스와 아리마스까?

매표소는 어디에 있습니까?

切符売場はどこですか。

킵푸우리바와 도코데스까?

여기서 렌터카를 예약할 수 있습니까?

ここでレンタカーの予約ができますか。

코코데 렌타카-노 요야쿠가 데키마스까?

여기서 호텔을 예약할 수 있습니까?

ここでホテルの予約ができますか。

코코데 호테루노 요야쿠가 데키마스까?

번화가에 가까운 호텔을 부탁합니다.

繁華街に近いホテルをお願いします。

항카가이니 치카이 호테루오 오네가이시마스

역에서 가까운 호텔을 부탁합니다.

駅から近いホテルをお願いします。

에키카라 치카이 호테루오 오네가이시마스

그 호텔은 어디에 있습니까?

そのホテルはどこですか。

소노 호테루와 도코데스까?

다른 호텔을 소개해 주십시오.

他のホテルを紹介してください。

호카노 호테루오 쇼-카이시테 쿠다사이

공항까지 데리러 옵니까?

空港まで迎えに来てくれますか。

쿠-코-마데 무카에니 키테 쿠레마스까?

포터를 불러 주세요.

ポーターを呼んでください。

포-타-오 욘데 쿠다사이

카트는 어디에 있습니까?

カードはどこにありますか。

카-토와 도코니 아리마스까?

어디까지 가십니까?

どちらまでですか。

도치라마데데스까?

올림픽호텔로 가주세요.

オリンピックホテルへ行ってください。

오림픽쿠 호테루에 잇테 쿠다사이

(주소를 보이며) 여기로 가주세요.

ここへ行ってください。

코코에 잇테 쿠다사이

시간은 어느 정도 걸립니까?

時間はどのくらいかかりますか。

지캉와 도노쿠라이 카카리마스까?

도착하면 알려 주세요.

着いたら教えてください。

츠이타라 오시에테 쿠다사이

출국시 꼭 알아두어야 할 에티켓

공항에서

항공사가 규정하는 무료 수하물을 잘 챙겨간다면 체크인 시 초과한 무게만큼 수하물을 여기저기 옮기는 수고를 덜 수 있다. 또한, 수하물에 넣지 말아야 할 물건들을 잘 체크해 보는 것도 중요하다. 반드시 TAG(짐을 부칠 때 항공사에 주는 꼬리표, 보통 항공편명, 출발지, 도착지, 시간이 적혀 있음)을 받고 가방에도 이름표를 꼭 달아놓는다. 탑승 마감 시간 전에 자신의 비행기 출발 게이트에서 대기하는 것이 좋다. 의외로 탑승 마감 시간을 넘기는 사람이 많다는 것을 항상 상기하자.

기내에서 지켜야 할 에티켓

기내에서 간편한 옷차림을 하거나 슬리퍼를 신는 것은 괜찮지만 양말을 벗는 행위는 곤란하다.
승무원을 부를 때는 승무원 호출 버튼을 누르거나 통로를 지날 때 가볍게 손짓하거나 눈이 마주칠 때 살짝 부른다. 기내 안전을 위해 노력하는 승무원에게 늘 예의를 갖추도록 하자.
좌석의 등받이를 뒤로 제칠 때는 지나치게 제치면 안 된다. 좌석 등받이를 젖히지

않은 상태로 고정해야 하는 경우는 이륙 시, 식사 시, 착륙 시 이렇게 3번으로 이때
는 제쳐 놓은 등받이를 반드시 원위치로 해 놓는다.

기내는 좌석이 가까이 있어 대화를 너무 크게 하면 주변 사람들에게 피해를 줄 수
있으므로 말소리는 되도록 작게 하도록 해야 하며 어린이와 동반하는 부모는 탑승
전 기내에서의 기본 에티켓을 일러주어 너무 소란스럽지 않게 지도해야 한다.

화장실에서

남녀 공용이므로 화장실에 들어가면 반드시 안에서 걸어 잠가야 한다. 그래야
밖에 사용 중(Occupied)이라는 표시가 나타난다. 잠그지 않을 시 비어 있음
(Vacant) 이라는 표시가 되어 다른 승객이 문을 열게 된다. 사용 후에는 반드시
세척(Toilet Flush) 이라 표시된 버튼을 누르고, 사용한 티슈는 쓰레기함(Towel
Disposal)에 넣도록 하자.

좌석벨트 착용 사인이 켜져 있는 동안은 화장실 사용은 원칙적으로 금지되어 있
다. 화장실에 있는 동안 이 사인이 켜지면 될수록 빨리 나와 제자리로 돌아가서 좌
석벨트를 매야 한다.

착륙 시

도착지에 착륙했어도 비행기가 완전히 멈추고 좌석벨트 사인이 꺼지고 승무원이
이동을 허락한 후에 자리에서 일어나도록 하자. 차례로 질서를 지켜서 나가도록
하며 승무원들에게 "Thank you" 또는 "Good Bye"하고 인사하여 긴 비행 동안
의 수고를 격려해 준다.

Visit Japan Web 등록하기

일본 입국 시 빠른 입국 심사를 위해 비짓재팬을 등록하는 것을 추천하다. 핸드폰
에서 앱으로 가입할 수 있으며 필수는 아니더라도 이걸 등록할 경우 일일이 수기
로 작성하는 입국 카드를 작성하지 않고 QR 코드를 받게 되고 그 QR 코드 스캔만
으로 빠른 입국 절차를 마칠 수 있어 매우 편리하다. 서류를 준비해 절차에 따라

등록하면 어렵지 않게 등록할 수 있다.

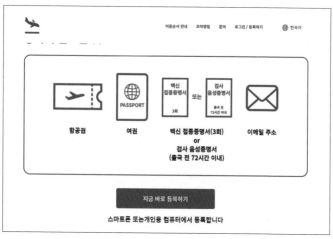

일본 입국카드 작성요령

일본 출입국 신고서는 내국인용과 외국인용으로 나뉘어져 있으므로 한국인의 경우 외국인용 신고서를 작성하며 모두 영문으로 표기하여 작성하면 된다.

입국 기록 카드 작성 요령

❶ 영문 성과 이름 : 영문으로 성과 이름을 적는다.

❷ 생년월일 : 생년월일을 일 → 월 → 연도 순으로 적는다.

❸ 현주소 : 현재 살고 있는 주소를 적는다.

　※ 주소는 자세하게 쓰지 않아도 되지만 ○○동, ○○구, 서울, 한국 순으로 작성한다.

❹ 도항 목적 : 관광은 관광으로 비지니스면 비지니스라고 적는다.

❺ 도착 항공기 편명 : 출국 비행기 편명을 적는다.

❻ 일본 체재 예정 기간 : 일본에서 머무르는 기간을 적는다.

❼ 일본의 연락처 : 숙소의 주소와 전화번호를 적는다.

❽ 기타 질문 : 각 네모칸에 아니오를 체크한다.

❾ 성명 : 자신의 이름을 한글로 적거나 사인을 한다.

미리 알고 가면 유용한 일단어

窓側(まどがわ)の席(せき) 마도가와 노 세키　창가쪽 자리

通路側(つうろがわ)の席(せき) 츠-로가와노세키　통로쪽 자리

~したい 시타이　~하고 싶다

携帯電話(けいたいでんわ) 케-타이뎅와　휴대전화

質問(しつもん) 시츠몽　질문

安全(あんぜん)ベルト 안젬베르토　안전밸트

到着(とうちゃく) 토-챠쿠　도착

問題(もんだい) 몬다이　문제

現地時間(げんちじかん) 겐치지캉　현지시간

機内食(きないしょく) 키나이쇼쿠　기내식

魚(さかな) 사카나　생선

鶏肉(とりにく) 토리니쿠　닭고기

飛(と)び越(こ)す 토비코수　건너뛰다

雑誌(ざっし) 잣시　잡지

新聞(しんぶん) 심붕　신문

미리 알고 가면 유용한 일단어

葉書(はがき) 하가키　엽서

送(おく)る 오쿠루　보내다

借(か)りる 카리루　빌리다

腹痛(ふくつう) 후쿠츠-　복통

毛布(もうふ) 모-후　담요

眼帯(がんたい) 강타이　안대

乗(の)り物(もの)酔(よ)い 노리모노요이　(비행기)멀미

薬(くすり) 쿠수리　약

旅券(りょけん) 료켕　여권

ビザ 비자　비자

便名(びんめい) 빔매이　편명

目的地(もくてきち) 모쿠테키치　목적지

両替(りょうがえ) 료-가에　환전

手数料(てすうりょう) 테스-료-　수수료

77

PART 02

호텔 ホテル

∴ 단어 바꿔가면서 다양한 대표 회화 익히기

(   )가(이) 망가졌습니다.
が壊れました。

エアコーン	テレビ	冷蔵庫(れいぞうこ)	ドライヤー
에어콘 에어콘	테레비 텔레비전	레-조-코 냉장고	도라이야- 드라이기

(   )은 어디에 있습니까?
はどこにありますか。

カラオケ	レストラン	プール	ヘルスクラブ
카라오케 노래방	레스토란 레스토랑	푸-루 수영장	헤루스쿠라부 헬스클럽

(   ) 좀 가져다 주세요.
を持って来てください。

水(みず)	シャンプー	タオル	石鹸(せっけん)
미즈 물	샴뿌- 샴푸	타오루 수건	셋켕 비누

79

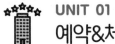

어서오십시오. 뭘 도와드릴까요?

いらっしゃいませ。何をお手伝いしましょうか。

이랏샤이마세. 나니오 오테츠다이 시마쇼-까?

오늘 밤, 빈방 있습니까?

今夜、空き部屋はありますか。

콩야, 아키베야와 아리마스까?

예약은 하셨습니까?

予約はされていますか。

요야쿠와 사레테 이마스까?

예약했습니다.

予約してあります。

요야쿠시테 아리마스

80

확인서는 여기 있습니다.

確認書はこれです。

카쿠닌쇼와 코레데스

아직 예약을 하지 않았습니다.

まだ予約はしていません。

마다 요야쿠와 시테 이마셍

죄송하지만, 빈 방이 없습니다.

申し訳ありませんが、空き部屋はありません。

모-시와케 아리마셍가, 아키베야와 아리마셍

다시 한 번 확인해 주십시오.

もう一度確認してください。

모- 이치도 카쿠닝시테 쿠다사이

81

죄송하지만 다른 호텔을 찾아주시겠어요?

申し訳ありませんが、他のホテルを探してくださいませんか。

모-시와케 아리마셍가, 호카노호테루오 사가시테 쿠다사이마셍까?

몇 박을 하실 겁니까?

何泊なさいますか。

남파쿠 나사이마스까?

오늘 밤부터 2박 할 겁니다.

今晩から二泊します。

콤방카라 니하쿠시마스

숙박요금은 얼마입니까?

宿泊料金はいくらですか。

슈쿠하쿠료-킹와 이쿠라데스까?

1박에 얼마입니까?

一泊いくらですか。

잇파쿠 이쿠라데스까?

요금에 조식은 포함되어 있나요?

料金に朝食は含まれていますか。
りょうきん　ちょうしょく　ふく

료-킨니 쵸-쇼쿠와 후쿠마레테 이마스까?

더블룸으로 부탁합니다.

ダブルルームお願いします。
ねが

다부루루-무 오네가이시마스

싱글이 좋겠는데요.

シングルがいいんですが。

싱구루가 이인데스가

조용한 방으로 부탁합니다.

静かな部屋をお願いします。
しず　へ　や　ねが

시즈카나 헤야오 오네가이시마스

전망 좋은 방으로 부탁합니다.

眺めのいい部屋をお願いします。
なが　へ　や　ねが

나가메노 이- 헤야오 오네가이시마스

방을 보여 주세요.

部屋を見せてください。

헤야오 미세테 쿠다사이

좀 더 좋은 방은 없습니까?

もっとよい部屋はありませんか。

못토 요이 헤야와 아리마셍까?

더 싼 방은 없습니까?

もっと安い部屋はありませんか。

못토 야스이 헤야와 아리마셍까?

이 방으로 하겠습니다.

この部屋にします。

코노 헤야니 시마스

숙박카드에 기입해 주십시오.

宿泊カードにご記入ください。

슈쿠하쿠 카-도니 고키뉴- 쿠다사이

귀중품을 보관해 주시겠어요?

貴重品を預かってもらえますか。

키쵸-힝오 아즈캇테 모라에마스까?

이게 방 열쇠입니다.

こちらが部屋の鍵です。

코치라가 헤야노 카기데스

벨보이가 방으로 안내하겠습니다.

ベルボーイが部屋に案内します。

베루보-이가 헤야니 안나이시마스

짐을 방까지 옮겨 주겠어요?

荷物を部屋まで運んでくれますか。

니모츠오 헤야마데 하콘데 쿠레마스까?

여기가 손님방입니다.

こちらがお客様のお部屋になります。

코치라가 오캬쿠사마노 오헤야니 나리마스

UNIT 02
룸서비스 이용하기

(세탁)크리닝 가능한가요?

クリーニングできますか。

크리-닝구 데키마스까?

룸서비스를 부탁합니다.

ルームサービスお願いします。

루-무사-비스 오네가이시마스

방 번호를 말씀하십시오.

お部屋番号をどうぞ。

오헤야 방고-오 도-조

여기는 3호실입니다.

こちらは3号室です。

코치라와 산고-시츠데스

모닝콜을 부탁합니다.

モーニングコールお願いします。
모-닝구코-루 오네가이시마스

몇 시에 말입니까?

何時にですか。
난지니데스까?

7시에 부탁합니다.

7時にお願いします。
시치지니 오네가이시마스

내일 아침 8시에 아침을 먹고 싶은데요.

明日の朝8時に朝食をしたいのですが。
아시타노 아사 하치지니 쵸-쇼쿠오 시타이노데스가

따뜻한 마실 물이 필요한데요.

温かいお湯がほしいのですが。

아타타카이 오유가 호시이노데스가

커피를 가져다 주세요.

コーヒーを持って来てください。

코-히-오 못테키테 쿠다사이

마사지를 부탁합니다.

マッサージをお願いします。

맛사-지오 오네가이시마스

식당 예약 좀 해 주시겠어요?

レストランを予約していただけますか。

레스토랑오 요야쿠시테 이타다케마스까?

어느 정도 시간이 걸립니까?

どのくらい時間がかかりますか。

도노쿠라이 지캉가 카카리마스까?

가능한 빨리 부탁합니다.

できるだけ早くお願いします。

데키루다케 하야쿠 오네가이시마스

(노크를 하면) 누구십니까?

どなたですか。

도나타데스까?

잠시만 기다리세요.

ちょっと待ってください。

촛토 맛테 쿠다사이

들어오세요.

お入りください。

오하이리 쿠다사이

이건 팁입니다.

これはチップです。

코레와 칩푸데스

UNIT 03
부대시설 이용하기

자판기는 있습니까?

自動販売機はありますか。
じ どう はん ばい き

지도-함바이키와 아리마스까?

이 호텔에 테니스코트는 있습니까?

このホテルにテニスコートはありますか。

코노 호테루니 테니스코-토와 아리마스까?

식당은 어디에 있습니까?

食堂はどこですか。
しょくどう

쇼쿠도-와 도코데스까?

식당은 몇 시까지 합니까?

食堂は何時までですか。
しょくどう　なん じ

쇼쿠도-와 난지마데데스까?

커피숍은 어디에 있습니까?

コーヒーショップはどこですか。

코-히-숍푸와 도코데스까?

바는 언제까지 합니까?

バーはいつまで開<ruby>開<rt>あ</rt></ruby>いていますか。

바-와 이츠마데 아이테 이마스까?

노래방은 어디에 있습니까?

カラオケはどこですか。

카라오케와 도코데스까?

컴퓨터를 사용하고 싶은데요.

パソコンを使<ruby>使<rt>つか</rt></ruby>いたいのですが。

파소콩오 츠카이타이노데스가

이메일을 체크하고 싶은데요.

メールをチェックしたいのですが。

메-루오 첵쿠시타이노데스가

팩스(복사기)는 있습니까?

ファックスはありますか。

확쿠스와 아리마스까?

여기서 관광버스 표를 살 수 있습니까?

ここで観光バスのチケットが買えますか。

코코데 캉코-바스노 치켓토가 카에마스까?

세탁서비스는 있나요?

ランドリーサービスはありますか。

란도리- 사-비스와 아리마스까?

세탁을 부탁합니다.

クリーニングをお願いします。

쿠리닝구오 오네가이시마스

언제 됩니까?

仕上がりはいつですか。
しあ

시아가리와 이츠데스까?

빨리 해 주세요.

急いで仕上げてください。
いそ　しあ

이소이데 시아게테 쿠다사이

이 와이셔츠를 다려 주세요.

このワイシャツにアイロンをかけてください。

코노 와이샤츠니 아이롱오 카케테 쿠다사이

미용실은 있습니까?

美容院はありますか。
びよういん

비요-잉와 아리마스까?

오늘 오후에 예약할 수 있습니까?

今日の午後、予約できますか。
きょう　ごご　よやく

쿄-노 고고, 요야쿠 데키마스까?

UNIT 04
트러블 해결하기

마스터키를 부탁합니다.

マスターキーをお願いします。
<ruby>願<rt>ねが</rt></ruby>

마스타-키-오 오네가이시마스

열쇠가 잠겨 방에 들어갈 수 없습니다.

鍵がかかって部屋に入れないんです。
<ruby>鍵<rt>かぎ</rt></ruby> <ruby>部屋<rt>へや</rt></ruby> <ruby>入<rt>はい</rt></ruby>

카기가 카캇테 헤야니 하이레나인데스

열쇠를 방에 두고 나왔습니다.

鍵を部屋に忘れました。
<ruby>鍵<rt>かぎ</rt></ruby> <ruby>部屋<rt>へや</rt></ruby> <ruby>忘<rt>わす</rt></ruby>

카기오 헤야니 와스레마시타

카드키는 어떻게 사용합니까?

カードキーはどう使うのでしょうか。
<ruby>使<rt>つか</rt></ruby>

카-도키-와 도- 츠카우노데쇼-까?

94

방 번호를 잊어버렸습니다.

部屋の番号を忘れました。

헤야노 방고-오 와스레마시타

복도에 이상한 사람이 있습니다.

廊下に不審な人がいます。

로-카니 후신나 히토가 이마스

옆방이 무척 시끄럽습니다.

となりの部屋がとてもうるさいです。

토나리노 헤야가 토테모 우루사이데스

시끄러워서 잠을 잘 수 없습니다.

うるさくて眠れないです。

우루사쿠테 네무레나이데스

95

방을 바꿔 주세요.

部屋を替えてください。

헤야오 카에테 쿠다사이

화장실 물이 잘 안내려 갑니다.

トイレの水がよく流れません。

토이레노 미즈가 요쿠 나가레마셍

뜨거운 물이 나오지 않는데요.

お湯が出ないのですが。

오유가 데나이노데스가

물이 샙니다.

水が漏れています。

미즈가 모레테 이마스

수도꼭지가 고장 났습니다.

水道の蛇口が壊れています。

스이도-노 쟈구치가 코와레테 이마스

물이 뜨겁지 않습니다.

お湯が熱くありません。

오유가 아츠쿠 아리마셍

빨리 고쳐 주세요.

すぐ修理してください。

스구 슈-리시테 쿠다사이

방 청소가 아직 안 되어 있어요.

部屋がまだ掃除されていません。

헤야가 마다 소-지사레테 이마셍

미니바가 비어 있습니다.

ミニバーが空っぽです。

미니바-가 카랍포데스

타월을 바꿔 주세요.

タオルを取り替えてください。

타오루오 토리카에테 쿠다사이

97

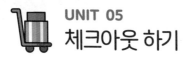

UNIT 05
체크아웃 하기

체크아웃을 하고 싶은데요.

チェックアウトをしたいのですが。

첵쿠아우토오 시타이노데스가

체크아웃은 몇 시입니까?

チェックアウトは<ruby>何時<rt>なんじ</rt></ruby>ですか。

첵쿠아우토와 난지데스까?

하루 일찍 떠나고 싶은데요.

<ruby>一日<rt>いちにち</rt></ruby><ruby>早<rt>はや</rt></ruby>く<ruby>発<rt>た</rt></ruby>ちたいのですが。

이치니치 하야쿠 타치타이노데스가

하룻밤 더 묵고 싶은데요.

もう<ruby>一泊<rt>いっぱく</rt></ruby>したいのですが。

모- 잇파쿠 시타이노데스가

오후까지 방을 쓸 수 있나요?

午後まで部屋を使えますか。

고고마데 헤야오 츠카에마스까?

추가요금은 얼마입니까?

追加料金はいくらですか。

츠이카 료-킹와 이쿠라데스까?

오전 10시에 택시를 불러 주세요.

午前10時にタクシーを呼んでください。

고젠 쥬-지니 타쿠시-오 욘데 쿠다사이

맡긴 귀중품을 꺼내 주세요.

預けておいた貴重品を出してください。

아즈케테 오이타 키쵸-힝오 다시테 쿠다사이

99

출발할 때까지 짐을 맡아 주시겠어요?

出発まで荷物を預かってください。

슛파츠마데 니모츠오 아즈캇테 쿠다사이

방에 물건을 두고 나왔습니다.

部屋に忘れ物をしました。

헤야니 와스레모노오 시마시타

포터를 보내 주세요.

ポーターをお願いします。

포-타오 오네가이시마스

계산을 부탁합니다.

会計をお願いします。

카이케-오 오네가이시마스

신용카드도 됩니까?

クレジットカードでお願い出来ますか。

쿠레짓토카-도데 오네가이 데키마스까?

100

전부 포함된 겁니까?

全部込みですか。
<ruby>ぜん<rt></rt></ruby><ruby>ぶ<rt></rt></ruby><ruby>こ<rt></rt></ruby>

젬부 코미데스까?

영수증을 주십시오.

レシートください。

레시-토 쿠다사이

계산이 틀린 것 같은데요.

計算が違っているようですが。

케-상가 치갓테이루요-데스가

방 카드 여기 있습니다.

これが部屋のカードです。

코레가 헤야노 카-도데스

고맙습니다. 즐겁게 보냈습니다.

ありがとう。快適な滞在でした。

아리가토-. 카이테키나 타이자이데시타

호텔 예약하기

예약하기

숙소는 현지에서 구하기보다는 출발 전 예약을 해야 출입국심사 시 불이익이 없다. 예약은 여행사나 인터넷을 통해서 하는 것이 가장 저렴하나 무조건 저렴한 곳을 택하기보다는 주변 관광지와의 위치나 대중교통의 연계성, 픽업 서비스, 아침식사의 포함, 호텔 내부 시설 등을 고려하여 선택하는 것이 좋다.

❶ 호텔 예약 사이트(아고다, 부킹닷컴, 호텔스컴바인 등)를 이용한다.
❷ 호텔 자체 인터넷 홈페이지를 이용한다.
❸ 현지의 관광안내센터를 이용한다.
❹ 호텔로 직접 전화나 FAX를 이용한다.
❺ 일본계 호텔 예약사이트를 이용한다.

일본의 숙박시설

서양식 호텔

일본 전국에 걸쳐 분포되어 있으며 대도시에는 어느 곳에나 유명한 체인 호텔이 있고 직원들이 영어를 구사할 수 있는 경우가 대부분이다. 관광 시즌에 방문하는 경우 여유를 두고 예약하는

것이 좋고 높은 수준의 서비스와 시설을 자랑하고 있다. 쾌적한 숙박환경을 갖추고 있는 것 외에도 통역, 쇼핑센터, 헬스클럽 등 추가 서비스를 받을 수도 있다.
특급호텔의 더블 혹은 트윈룸의 경우 1박당 평균 30,000엔 정도이며 일급호텔의 경우 약 20,000엔 전후이다.

비즈니스호텔

저렴하게 일본을 여행하려는 관광객들에게 있어서는 최적의 호텔로 최소한의 필요한 시설만을 갖추고 있으며 주로 비즈니스맨을 위한 호텔이라고 할 수 있다. 청결하고 쾌적한 시설을 갖추고 있지만, 고급호텔보다 객실이 좁으며 룸서비스가 없고 욕조가 딸린 싱글룸이 대부분이다. 지하철역과 가까워 편리하고 싱글룸의 경우 약 5,000 ~10,000엔이다.

료칸

일본 에도시대부터 지금까지 이어져 오고 있는 전통 숙박시설로 우아한 옛 귀족의 기분을 느끼고 싶다면 료칸을 추천한다. 바닥은 다다미로 되어있으며 전통적인 인테리어로 꾸며져 있다. 숙박과 일본전통 문화를 체험하기에 좋으며 온천 료칸, 관광 료칸, 요리 료칸 등이 있다. 숙박비에 식사요금이 포함되어 있다면 그 지역 특산물로 만들어진 맛있는 저녁 식사와 심플한 아침 식사, 두 번의 식사를 제공 받을 수 있다.
온천의 욕조는 자연과의 조화와 함께 마음을 편안하게 해주기 때문에 친한 친구,

가족, 또는 전혀 얼굴도 모르는 타인과의 대화를 즐기기에 아주 적절한 장소로 일본인은 여러 번에 걸쳐 몸을 씻고 뜨거운 물에 몸을 담그는 것을 번갈아 가면서 긴 시간 동안 온천탕의 즐거움과 온천수의 효능을 즐기는 것이 일반적이다. 료칸의 요금은 실로 다양해서 비싼 요금을 받는 고급 료칸도 있지만, 보통은 두 번의 식사가 포함된 12,000~20,000엔 정도이고 객실만 제공되는 곳은 평균 5,000엔 정도로 세금과 서비스요금은 별도로 청구된다.

민슈쿠

우리나라의 민박. 일본을 저렴하게 여행하며 일상생활에서 체험하기 힘든 새로운 여행의 맛을 즐겨보고 싶다면 민슈큐에 머물러 보는 것을 권한다. 일본판 게스트 홈이라고 불리는 민슈쿠는 가족경영의 형식으로 경영자 자신의 집 일부를 빌려주는 것이다. 민슈쿠는 대부분 고급 리조트 지역이나 관광지에 있으며 이용시설이나 서비스 등은 상당히 열악하지만, 일본의 전통 생활 방식을 체험하기 좋다. 민슈쿠의 요금은 보통 두 번의 식사가 포함된 가족용 객실의 경우 약 6,500엔 정도이다.

펜션

프랑스식 이름을 딴 이 숙박시설은 보통 산악지대의 스키장이나 스포츠를 즐기기 위한 사람들이 즐겨 찾는 지역에 있다. 펜션은 보통 가족적인 분위기의 민슈쿠와 각종 편리한 설비를 갖춘 호텔, 중간쯤의 숙박시설이라고 볼 수 있

으며 우리나라의 펜션은 유럽형 펜션보다 일본형 펜션에 가까우므로 부담이 없고 시설과 운영형태는 호텔형보다 콘도형에 가깝다. 평균적인 요금은 식사가 없는 1박의 경우 8,000엔, 두 번의 식사가 포함된 경우 10,000엔 정도이다.

호스텔

매우 저렴한 가격으로 안전하게 머물 수 있는 장소로 세계 각국의 친구를 사귀기도 쉽다. 숙박비가 비슷한 민박에 비교해 외진 곳에 있어 작은 도시 여행에 유용하며 식사제공 여부에 따라 가격이 달라지니 잘 알아보고 예약한다.  도미토리를 여러 사람과 같이 이용하다 보니 조금 예민한 사람은 피하는 것이 좋다. 숙박비는 2,000~5,000엔까지 다양하다.

캡슐 호텔

1979년 오사카에서 처음 선보인 캡슐 호텔은 일본의 독특한 숙박 유형 중 하나이다. 최소한의 공간만을 제공하지만, TV, 충전, 램프 등 있어야 할 것은 모두 갖추고 있다. 잠자는 공간을 제외하고는 공동 공간이지만, 호스텔보다는 좀 더 사생활 보장이 가능하다. 가격은 3,000~5,000엔 사이이다.

미리 알고 가면 유용한 일단어

予約(よやく) 요야쿠 예약

登緑(とうろく) 토-로쿠 등록

契約金(けいやくきん) 케-야쿠킹 계약금

取(と)り消(け)し 토리케시 취소

確認(かくにん) 카쿠닝 확인

含(ふく)む 후쿠무 포함하다

泊(とま)る 토마루 머물다

浴室(よくしつ) 요쿠시츠 욕실

景色(けしき) 케시키 경치

空(あ)き部屋(べや) 아키베야 빈 방

クーポン 쿠-펑 쿠폰

貴重(きちょう)な 키쵸-나 귀중한

荷物(にもつ) 니모츠 짐

忘(わす)れる 와스레루 잊어버리다

按摩(あんま) 암마 안마

미리 알고 가면 유용한 일단어

機械(きかい) 키카이 기계

洗濯物(せんたくもの) 센타쿠모노 세탁물

シャツ 샤츠 셔츠

美容室(びようしつ) 비요-시츠 미용실

頭(あたま) 아타마 머리

髭剃(ひげそ)**り** 히게소리 면도

整(ととの)**える** 토토노에루 다듬다

短(みじか)**い** 미지카이 짧은

これから 코레카라 앞으로

忙(いそが)**しい** 이소가시- 바쁘다

答(こた)**え** 코타에 대답

自動販売機(じどうはんばいき) 지도-함바이키 자판기

閉(し)**める** 시메루 잠그다, 닫다

PART 03

레스토랑 レストラン

∴ 단어 바꿔가면서 다양한 대표 회화 익히기

이 ( )은(는) 어디에 있습니까?

この 　　　　　はどこにありますか。

食堂(しょくどう)	コーヒーショップ	居酒屋(いざかや)	バイキング
쇼쿠도- 식당	코-히-쇼츠푸 커피숍	이자카야 선술집	바이킹구 뷔페

( )는 내가 제일 좋아하는 음식입니다.

　　　　　　は私が大好きな食べ物です。

刺身(さしみ)	うどん	とんかつ	寿司(すし)
사시미 회	우돈 우동	통카츠 돈까스	스시 초밥

( )은(는) 넣지 말아 주세요.

　　　　　　は入れないでください。

にんにく	胡椒(こしょう)	生姜(しょうが)	玉葱(たまねぎ)
닌니쿠 마늘	코쇼- 후추	쇼-가 생강	타마네기 양파

식당 찾아가기

이 근처에 추천할 만한 음식점은 없습니까?

この近くにおすすめの店はありませんか。

코노 치카쿠니 오스스메노 미세와 아리마셍까?

이곳에 한국 식당은 있습니까?

この町に韓国レストランはありますか。

코노 마치니 캉코쿠 레스토랑와 아리마스까?

이 지방의 명물 요리를 먹고 싶은데요.

この土地の名物料理が食べたいのですが。

코노 토치노 메-부츠료-리가 타베타이노데스가

음식을 맛있게 하는 가게가 있으면 가르쳐 주세요.

評判の店を教えてください。

효-반노 미세오 오시에테 쿠다사이

110

싸고 맛있는 가게는 있습니까?

手頃な値段でおいしい店はありますか。

테고로나 네당데 오이시– 미세와 아리마스까?

가볍게 식사를 하고 싶은데요.

軽く食事をしたいのですが。

카루쿠 쇼쿠지오 시타이노데스가

(책을 보이며) 이 가게는 어디에 있습니까?

この店はどこにありますか。

코노 미세와 도코니 아리마스까?

이 지도 어디에 있습니까?

この地図のどこですか。

코노 치즈노 도코데스까?

걸어서 갈 수 있습니까?

歩いて行けますか。

아루이테 이케마스까?

이 시간에 문을 연 가게는 있습니까?

この時間に開いている店はありますか。

코노 지칸니 아이테이루 미세와 아리마스까?

몇 시부터 문을 여나요?

何時から開いていますか。

난지카라 아이테 이마스까?

식당이 많은 곳은 어디입니까?

食堂が多いのはどこですか。

쇼쿠도-가 오-이노와 도코데스까?

이곳 사람들이 많이 가는 식당이 있습니까?

地元の人がよく行く店はありますか。

지모토노 히토가 요쿠 이쿠 미세와 아리마스까?

예약이 필요한가요?

予約が必要ですか。

요야쿠가 히츠요-데스까?

그 레스토랑을 예약해 주세요.

そのレストランに予約してください。

소노 레스토란니 요야쿠시테 쿠다사이

오늘밤 예약하고 싶은데요.

今晩、予約したいのですが。

콤방, 요야쿠 시타이노데스가

손님은 몇 분이십니까?

お客様は何名様ですか。

오캬쿠사마와 남메이사마데스까?

오후 6시 반에 5명이 갑니다.

午後6時半に5人で行きます。

고고 로쿠지한니 고닌데 이키마스

몇 시라면 괜찮겠습니까?

何時なら大丈夫ですか。

난지나라 다이죠-부데스까?

몇 시에 자리가 납니까?

何時なら席がとれますか。

난지나라 세키가 토레마스까?

금연(흡연)석으로 부탁합니다.

禁煙(喫煙)席にしてください。

킹엥(키츠엥)세키니 시테 쿠다사이

죄송합니다. 예약을 취소하고 싶습니다.

すみません。予約を取り消したいのですが。

스미마셍, 요야쿠오 토리케시타이노데스가

안녕하세요. 예약은 하셨습니까?

こんばんは。ご予約はいただいていますか。

콤방와. 고요야쿠와 이타다이테이마스까?

예약을 하지 않았습니다.

予約はしておりません。

요야쿠와 시테 오리마셍

6시에 예약한 홍길동입니다.

6時に予約 しているホンギルドンです。

로쿠지니 요야쿠시테 이루 홍기루동데스

몇 분이십니까?

何名様ですか。

남메-사마데스까?

안내해드릴 때까지 기다려 주십시오.

ご案内するまでお待ちください。

고안나이스루마데 오마치 쿠다사이

전원 같은 자리로 해 주세요.

全員いっしょの席でお願いします。

젱잉 잇쇼노 세키데 오네가이시마스

115

메뉴 좀 보여 주세요.

メニューを見せてください。

메뉴-오 미세테 쿠다사이

한국어 메뉴는 있습니까?

韓国語メニューはありますか。

캉코쿠고 메뉴-와 아리마스까?

주문하시겠습니까?

ご注文をおうかがいできますか。

고츄-몽오 오우카가이 데키마스까?

메뉴에 대해서 알려 주세요.

メニューについて教えてください。

메뉴-니 츠이테 오시에테 쿠다사이

잠깐 기다려 주세요.

もうちょっと待ってください。

모- 춋토 맛테 쿠다사이

추천 메뉴는 뭔가요?

お勧めのメニューは何ですか。

오스스메노 메뉴-와 난데스까?

주문받으세요.

注文をしたいのですが。

츄-몽오 시타이노데스가

여기서 잘하는 요리는 무엇입니까?

ここの自慢料理は何ですか。

코코노 지망료-리와 난데스까?

117

오늘의 특별 요리가 있습니까?

ほんじつ　とくべつりょうり
本日の特別料理はありますか。

혼지츠노 토쿠베츠료-리와 아리마스까?

이것으로 부탁합니다.

ねが
これをお願いします。

코레오 오네가이시마스

(메뉴를 가리키며) 이것과 이것으로 주세요.

これとこれをください。

코레토 코레오 쿠다사이

저도 같은 것으로 주세요.

わたし　　　おな
私にも同じのをください。

와타시니모 오나지노오 쿠다사이

빨리 되는 것은 있습니까?

なに　　はや
何か早くできるのはありますか。

나니카 하야쿠 데키루노와 아리마스까?

이것은 무슨 요리입니까?

これはどういう料理ですか。

코레와 도-이우 료-리데스까?

어떤 요리인지 설명해 주시겠어요?

どんな料理か説明してください。

돈나 료-리카 세츠메-시테 쿠다사이

요리재료는 무엇입니까?

食材は何ですか。

쇼쿠자이와 난데스까?

다른 주문은 없으십니까?

ほかにご注文はございますか。

호카니 고츄-몽와 고자이마스까?

디저트는 어떻게 하시겠습니까?

デザートはいかがなさいますか。

데자-토와 이카가 나사이마스까?

먹는 법을 가르쳐 주세요.

食べ方を教えてください。

타베카타오 오시에테 쿠다사이

이건 어떻게 먹으면 됩니까?

これはどう食べたらいいですか。

코레와 도- 타베타라 이-데스까?

따뜻할 때 드십시오.

温かいうちに召し上がってください。

아타타카이 우치니 메시아갓테 쿠다사이

이것은 재료로 무엇을 사용한 겁니까?

これは材料に何を使っているのですか。

코레와 자이료-니 나니오 츠캇테 이루노데스까?

스테이크는 어느 정도 구울까요?

ステーキの焼き加減はどのようにしますか。

스테-키노 야키카겡와 도노 요-니 시마스까?

이것은 무슨 고기입니까?

このお肉は何ですか。

코노 오니쿠와 난데스까?

빵을 좀 더 주세요.

もう少しパンをください。

모- 스코시 팡오 쿠다사이

물 한 잔 주세요.

水を一杯ください。

미즈오 입파이 쿠다사이

121

소금 좀 갖다 주시겠어요?

塩をいただけますか。

시오오 이타다케마스까?

젓가락을 떨어뜨렸습니다.

箸を落としてしまいました。

하시오 오토시테 시마이마시타

~을 추가로 부탁합니다.

~を、追加でお願いします。

~오, 츠이카테 오네가이시마스

디저트를 주세요.

デザートください。

데자-토 쿠다사이

디저트는 뭐가 있나요?

デザートは何がありますか。

데자-토와 나니가 아리마스까?

이걸 치워 주세요.

これを下げてください。

코레오 사게테 쿠다사이

(맛은) 어떠십니까?

味はいかがですか。

아지와 이카가데스까?

맛있는데요!

これはおいしいです。

코레와 오이시-데스

이 요리 맛있네요.

この料理、うまいね。

코노 료-리, 우마이네

식사하기 전에 마실 것은 필요 없으신가요?

食事の前に何かお飲み物はいかがですか。

쇼쿠지노 마에니 나니카 오노미모노와 이카가데스까?

물이면 충분합니다.

水でけっこうです。

미즈데 켁코-데스

술은 어떻게 하시겠습니까?

お酒はどうなさいますか。

오사케와 도- 나사이마스까?

생맥주는 있습니까?

生ビールはありますか。

나마비-루와 아리마스까?

어떤 맥주가 있습니까?

どんなビールがありますか。

돈나 비-루가 아리마스까?

어떤 술입니까?

どんなお酒ですか。

돈나 오사케데스까?

이 지방의 특산주 입니까?

この土地の特有のお酒ですか。

코노 토치노 토쿠유-노 오사케데스까?

가벼운 술이 좋겠습니다.

軽いお酒がいいです。

카루이 오사케가 이-데스

건배!

乾杯!

캄파이!

한 잔 더 주세요.

もう一杯ください。

모- 입파이 쿠다사이

한 병 더 주세요.

もう一本おかわりください。

모- 입퐁 오카와리 쿠다사이

UNIT 04
식당 내 트러블

주문한 게 아직 안 나왔습니다.

注文(ちゅうもん)したものがまだ来(き)ていません。

츄-몬시타 모노가 마다 키테 이마셍

어느 정도 기다려야 합니까?

どのくらい待(ま)ちますか。

도노쿠라이 마치마스까?

시간이 많이 걸립니까?

まだだいぶ時間(じかん)がかかりますか。

마다 다이부 지캉가 카카리마스까?

조금 서둘러 주겠어요?

少(すこ)し急(いそ)いでくれませんか。

스코시 이소이데 쿠레마셍까?

벌써 30분째 기다리고 있습니다.

もう30分も待っています。
<ruby>三十分<rt>さんじゅっぷん</rt></ruby><ruby>待<rt>ま</rt></ruby>

모- 산⊠즙품모 맛테 이마스

이건 주문하지 않았는데요.

これは注文していませんが。
<ruby>注文<rt>ちゅうもん</rt></ruby>

코레와 츄-몬시테 이마셍가

주문을 확인해 주세요.

注文を確かめてください。
<ruby>注文<rt>ちゅうもん</rt></ruby> <ruby>確<rt>たし</rt></ruby>

츄-몽오 타시카메테 쿠다사이

주문을 취소하고 싶은데요.

注文をキャンセルしたいのですが。
<ruby>注文<rt>ちゅうもん</rt></ruby>

츄-몽오 ⊠캬세루 시타이노데스가

127

주문을 바꿔도 되겠습니까?

注文を変えてもいいですか。
ちゅうもん か

츄-몽오 카에테모 이-데스까?

접시가 깨져 있어요.

お皿が割れています。
さら わ

오사라가 와레테 이마스

새 것으로 바꿔 주세요.

新しいのと取り替えてください。
あたら と か

아타라시-노 토토리카에테 쿠다사이

좀 덜 익은 것 같은데요.

ちょっと火が通っていないようですが。
ひ とお

촛토 히가 토옷테 이나이 요-데스가

수프에 뭐가 들어있습니다.

スープに何か入っています。
なに はい

수-프니 나니카 하잇테 이마스

128

이 스테이크는 너무 구워졌어요.

このステーキは焼_やきすぎです。

코노 스테-키와 야키스기데스

맥주가 별로 차갑지 않네요.

ビールがあまり冷_{つめ}たくないですね。

비-루가 아마리 츠메타쿠 나이데스네

이 요리를 데워 주세요.

この料理_{りょうり}を温_{あたた}めてください。

코노 료-리오 아타타메테 쿠다사이

이건 식었어요. 바꿔 주세요.

これ、冷_さめていますよ。替_かえてください。

코레, 사메테 이마스요. 카에테 쿠다사이

이건 주문한 것과 다른데요.

これは注文_{ちゅうもん}したのと違_{ちが}いますよ。

코레와 츄-몬시타노토 치가이마스요

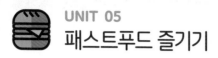

UNIT 05
패스트푸드 즐기기

이 근처에 패스트푸드점은 있습니까?

この近くにファーストフード店はありますか。

코노 치카쿠니 화-스토후-도텡와 아리마스까?

어디서 주문합니까?

どこで注文するのですか。

도코데 츄-몬스루노데스까?

햄버거하고 커피 주세요.

ハンバーガーとコーヒーをください。

함바-가-토 코-히-오 쿠다사이

2번 세트로 주세요.

2番セットをお願いします。

니반 셋토오 오네가이시마스

이것을 주세요.

これをください。

코레오 쿠다사이

어느 사이즈로 하시겠습니까?

どのサイズにしますか。

도노 사이즈니 시마스까?

케첩을 주세요.

ケチャップをお願いします。
ねが

켓푸오 오네가이시마스

샌드위치를 주세요.

サンドイッチをください。

산도잇치오 쿠다사이

131

(재료를 가리키며) 이것을 샌드위치에 넣어 주세요.

これをサンドイッチに入れてください。

코레오 산도잇치니 이레테 쿠다사이

(주문은) 이게 전부입니다.

これで全部です。

코레데 젬부데스

여기서 드시겠습니까, 아니면 가지고 가실 겁니까?

こちらで召し上がりますか、それともお持ち帰りですか。

코치라데 메시아가리마스까, 소레토모 오모치카에리데스까?

여기서 먹겠습니다.

ここで食べます。

코코데 타베마스

가지고 갈 거예요.

持って帰ります。

못테 카에리마스

음식값 계산하기

여기서 지불할 수 있나요?

ここで払えますか。

코코데 하라에마스까?

어디서 지불하나요?

どこで払うのですか。

도코데 하라우노데스까?

계산해 주세요.

会計お願いします。

카이케이 오네가이시마스

제가 모두 내겠습니다.

私がまとめて払います。

와타시가 마토메테 하라이마스

133

따로따로 지불하고 싶은데요.

別々に払いたいのですが。

베츠베츠니 하라이 타이노데스가

제 몫은 얼마인가요?

私の分はいくらですか。

와타시노 붕와 이쿠라데스까?

팁은 포함되어 있습니까?

チップは含まれていますか。

칩푸와 후쿠마레테 이마스까?

제가 내겠습니다.

私のおごりです。

와타시노 오고리데스

(신용)카드도 받나요?

(クレジット)カードで払えますか。

(쿠레짓토)카-도데 하라에마스까?

현금으로 낼게요.

現金で払います。

겡킨데 하라이마스

이 요금은 무엇입니까?

この料金は何ですか。

코노 료-킹와 난데스까?

영수증을 주시겠어요?

領収証をくださいませんか。

료-슈-쇼-오 쿠다사이 마셍까?

계산이 틀린 것 같습니다.

計算が違っているようです。

케-상가 치갓테이루 요-데스

봉사료는 포함되어 있습니까?

サービス料は入っていますか。

사-비스료-와 하잇테 이마스까?

일본 음식에 관한 다양한 정보

일본은 재료 자체의 본 맛을 살려 먹기 때문에 맛이 담백하고 향신료를 진하게 쓰지 않는다. 색채와 모양을 중요시하여 시각적으로 매우 아름다우며 지리적 특성상 해산물을 이용한 음식들이 많다.

스시

일반적으로 스시하면 생선초밥 '니기리 즈시'를 가리킨다. 우리나라에서도 그렇지만 일본에서도 가격대가 높은 음식으로 많은 사람이 줄지어 있는 곳을 선택하면 싸고 맛있는 집일 확률이 높다. 회전 스시집에 들어가면 예산에 맞춰 본고장의 맛을 즐길 수 있고 일반 스시집이라면 '스시 셋토'가 무난하다.

통카츠

통카츠를 좋아하는 사람이라면 도쿄 '렌가데이'를 찾아가 본다. 100년의 역사를 자랑하고 있으며 그 기원이 커틀릿이든 슈니첼이든 우리가 먹는 돈가스의 진정한 원조인 것이다. 기대했던 맛이 아니더라도 의미는 충분하다.

템푸라

일본의 템푸라는 각종 야채나 어패류
에 밀가루 반죽을 입혀 튀긴 요리의 총
칭이다. 전철역 옆에 튀김 코너가 자리
잡기 마련인데 그곳의 템푸라는 가격이
싸고 맛도 괜찮다. 해산물의 나라답게
일본의 새우튀김은 큼지막한 것이 보통
이니 꼭 먹어본다.

오뎅

가다랑어포와 다시마를 이용하여 국물
을 우려내고 무, 달걀, 두부, 유부 등과
우리가 어묵으로 부르는 카마보코를 넣
고 조리한 음식의 이름이다. 오뎅 전문
점도 있고 체인점도 있지만, 관광객보
다는 일반 서민들이 자주 찾는 곳에 많

다. 편의점에서 포장해주는 오뎅도 저렴한 가격에 부담 없이 맛볼 수 있고 맛도 괜
찮은 편이다.

돈부리

돈부리는 밥그릇보다 더 큰 그릇을 뜻
한다. 흰 밥 위에 각종 육류나 야채를 요
리해서 얹어 먹는 일품요리로 수많은
종류의 덮밥만을 전문적으로 파는 돈
부리 전문점 또한 쉽게 볼 수 있고 저렴
한 가격에 간편하게 먹을 수 있는 서민
적인 음식이다.

라멘

걸쭉하고 진한 국물에 면을 반죽하여 즉석에서 삶은 라멘이 주류이다. 본고장에 갔으니 그곳의 맛을 접해보는 것도 좋다. 가이드북에 나오는 유명한 라멘집도 좋지만, 주택가에 있는 소박한 라멘도 무시하면 안 된다. 연구에 연구를 더해 얻어진 요리사의 노하우가 농축된 육수가 중요한 요리이기 때문이다.

• 쇼-유라멘 : 각종 육수에 간장으로 국물 맛을 낸 라멘이다.
• 시오라멘 : 소금으로 국물 맛을 낸 라멘으로 맑은 국물이 특징이고 맛이 시원하다.
• 미소라멘 : 일본 된장 '미소'로 맛을 낸 라멘이다.

오코노미야키

오코노미야키는 '좋아하는 것을 굽는다'라는 뜻으로 다양한 재료가 쓰이지만 해산물이 대표적이다. 우리나라에 들어온 오코노미야키는 오사카풍으로 우리 입맛에도 잘 맞는다. 요리사가 직접 손님이 보는 앞에서 만들어 주는 경우도 있지만, 직접 만들어 먹는 곳도 있는데 치즈나 마요네즈, 파슬리, 가츠오부시 등을 입맛에 맞게 첨가할 수 있다.

타코야키

문어가 들어간 동그란 풀빵으로 일본의 대표적인 간식거리이다. 관광지나 시내에서 쉽게 볼 수 있고 오다이바에 이름난 타코야키 분점들이 모인 박물관도 있다. 원조 타코야키는 소박한 반면 여러 소스가 가미된 것은 발전된 타코야키라 생각하면 된다.

사케

쌀로 빚은 일본식 청주로 지역마다 제조되는 사케의 종류도 다양하고 가격도 천차만별이다. 고급 사케는 와인처럼 일련번호와 제조회사, 산지, 출하연도, 도수, 재료명 등 라벨이 붙어있고 사케 소믈리에도 있는데 사케의 맛을 알

려주고 고객이 선택한 요리와 어울리는 사케를 추천하는 일을 한다. 저렴한 가격의 사케팩은 초보자도 도전해 볼 만하다.

소바

메밀가루로 만든 국수를 뜨거운 국물이나 차가운 간장에 무, 파, 고추냉이를 넣고 찍어 먹는다. 일본에서는 12월 31일 소바를 먹는 풍습이 있는데 장수의 의미가 있다.

미리 알고 가면 유용한 일단어

食堂(しょくどう) 쇼쿠도- 식당

メニュー 메뉴- 메뉴

食事(しょくじ) 쇼쿠지 식사

注文(ちゅうもん)する 츄-몽스루 주문하다

味(あじ) 아지 맛

匙(さじ) 사지 수저

フォーク 훠-크 포크

ナイフ 나이후 나이프, 칼

箸(はし) 하시 젓가락

料理(りょうり) 료-리 요리

皿(さら) 사리 접시

持(も)って行(い)く 못테이쿠 가지고 가다

サンドイッチ 산도윗치 샌드위치

禁煙席(きんえんせき) 킹엔세키 비흡연석

ウェルダン 웨루단 완전히 익힌

미리 알고 가면 유용한 일단어

レア 레아 조금만 익힌

ミディウム 미듐 중간 정도만 익힘

デザート 데자-토 후식

ワイン 와잉 와인

パン 팡 빵

風俗料理(ふうぞくりょうり) 후-조쿠료-리 전통 음식

料理材料(りょうりざいりょう) 료-리자이료- 음식 재료

生(なま)ビール 나마비-루 생맥주

早(はや)く 하야쿠 빨리

変(か)える 카에루 바꾸다

推薦(すいせん)する 수이셍수루 추천하다

必要(ひつよう)だ 히츠요-다 필요하다

後(あと)で 아토데 나중에

可能(かのう)だ 카노-다 가능한

支払(しはら)う 시하라우 지불하다

PART 04

교통 交通

∴ 단어 바꿔가면서 다양한 대표 회화 익히기

이 (   )으로 가 주세요.
この   に行ってください。

市場(いちば)

이치바 시장

デパート

데파-토 백화점

美術館(びじゅつかん)

비주츠칸 미술관

故宮(こきゅう)

코큐- 고궁

(   )는(은) 어디입니까?
                    はどこですか。

駅(えき)

에키 역

バスターミナル

바스타-미나루 버스터미널

改札口(かいさつぐち)

카이사츠구치 개찰구

搭乗口(とうじょうぐち)

토-쥬-구치 탑승구

거기에 가려면 (   ) 밖에 없습니까?
そこに行くには   しかありませんか。

タクシー

타쿠시- 택시

地下鉄(ちかてつ)

치카테츠 지하철

飛行機(ひこうき)

히코-키 비행기

バス

바스 버스

UNIT 01
길 물어보기

실례합니다!

すみません！

스미마셍!

실례합니다. 잠깐 여쭙겠습니다.

すみません。ちょっとうかがいたいのですが。

스미마셍. 춋토 우카가이타이노데스가

저는 여행자입니다.

<ruby>私<rt>わたし</rt></ruby>は<ruby>旅行者<rt>りょこうしゃ</rt></ruby>です。

와타시와 료코-샤데스

어디에 가십니까?

どこへいらっしゃいますか。

도코에 이랏샤이마스까?

(지도를 가리키며) 여기는 어디입니까?

ここはどこですか。

코코와 도코데스까?

여기는 무슨 거리입니까?

ここは何という通りですか。

코코와 난토이우 토-리데스까?

박물관에는 어떻게 가면 됩니까?

博物館へはどう行きますか。

하쿠부츠캉에와 도-이키마스까?

역으로 가는 길을 가르쳐 주십시오.

駅までの道を教えてください。

에키마데노 미치오 오시에테 쿠다사이

여기서 가깝나요?

ここから近いですか。

코코카라 치카이데스까?

거기까지 걸어서 갈 수 있습니까?

そこまで歩いて行けますか。

소코마데 아루이테 이케마스까?

걸어서 몇 분 걸립니까?

歩いて何分ですか。

아루이테 남풍 데스까?

거기까지 버스로 갈 수 있습니까?

そこまでバスで行けますか。

소코마데 바스데 이케마스까?

거기까지 가는데 택시밖에 없나요?

そこへ行くにはタクシーしかありませんか。

소코에 이쿠니와 타쿠시-시카 아리마셍까?

차이나타운은 멉니까?

チャイナタウンは遠いですか。

챠이나타웅와 토-이데스까?

거기까지 어느 정도 걸립니까?

そこまでどのくらいかかりますか。

소코마데 도노쿠라이 카카리마스까?

이 주위에 지하철역이 있습니까?

このあたりに地下鉄の駅はありますか。

코노 아타리니 치카테츠노 에키와 아리마스까?

지도에 표시해 주세요.

地図に印をつけてください。

치즈니 시루시오 츠케테 쿠다사이

실례합니다! 여기는 무슨 거리입니까?

すみません! ここは何という通りですか。

스미마셍! 코코와 난토이우 토-리데스까?

길을 잃었습니다.

道に迷ってしまいました。

미치니 마욧테 시마이마시타

어디로 가는 겁니까?

どこに行くのですか。

도코니 이쿠노데스까?

이 길이 아닙니까?

この道は違いますか。

코노 미치와 치가이마스까?

미안합니다. 잘 모르겠습니다.

すみません。よくわかりません。

스미마셍. 요쿠 와카리마셍

저도 잘 모릅니다.

私もよくわかりません。

와타시모 요쿠 와카리마셍

148

다른 사람에게 물어보십시오.

だれかほかの人に聞いてください。

다레카 호카노 히토니 키이테 쿠다사이

지도를 가지고 있습니까?

地図を持っていますか。

치즈오 못테 이마스까?

택시를 불러 주세요.

タクシーを呼んでください。

타쿠시-오 욘데 쿠다사이

이 길로 곧장 가세요.

この道を真っ直ぐ行ってください。

코노 미치오 맛스구 잇테 쿠다사이

친절하게 알려주셔서 감사합니다.

ご親切にありがとうございました。

고신세츠니 아리가토- 고자이마시타

택시 승강장은 어디에 있습니까?

タクシー乗り場はどこですか。

타쿠시-노리바와 도코데스까?

어디서 택시를 탈 수 있습니까?

どこでタクシーに乗れますか。

도코데 타쿠시-니 노레마스까?

어디서 기다리고 있으면 됩니까?

どこで待っていればいいですか。

도코데 맛테 이레바 이-데스까?

택시!

タクシー!

타쿠시-!

우리들 모두 탈 수 있습니까?

私たち全員乗れますか。

와타시타치 젱인 노레마스까?

트렁크를 열어 주세요.

トランクを開けてください。

토랑쿠오 아케테 쿠다사이

(주소를 보이며) 이 주소로 가 주세요.

ここへ行ってください。

코코에 잇테 쿠다사이

서둘러 주시겠어요?

急いでいただけますか。

이소이데 이타다케마스까?

가장 가까운 길로 가 주세요.

いちばん近い道で走ってください。

이치반 치카이 미치데 하싯테 쿠다사이

여기서 세워 주세요.

ここで止めてください。

코코데 토메테 쿠다사이

다음 신호에서 세워 주세요.

次の信号で止めてください。

츠기노 싱고-데 토메테 쿠다사이

여기서 기다려 주시겠어요?

ここで待ってもらえませんか。

코코데 맛테 모라에마셍까?

얼마입니까?

おいくらですか。

오이쿠라데스까?

UNIT 03
버스로 이동하기

어디서 버스 노선도를 얻을 수 있습니까?

どこでバスの路線図をもらえますか。

도코데 바스노 로센즈오 모라에마스까?

버스 터미널은 어디에 있습니까?

バスターミナルはどこにありますか。

바스타-미나루와 도코니 아리마스까?

표는 어디서 살 수 있습니까?

切符はどこで買えますか。

킵푸와 도코데 카에마스까?

매표소는 어디에 있습니까?

チケット売り場はどこです。

치켓토 우리바와 도코데스까?

153

어느 버스를 타면 됩니까?

どのバスに乗ればいいですか。

도노 바스니 노레바 이-데스까?

갈아타야 합니까?

乗り換えなければなりませんか。

노리카에나케레바 나리마셍까?

여기서 내려요.

ここで降ります。

코코데 오리마스

돌아오는 버스는 어디서 탑니까?

帰りのバスはどこで乗りますか。

카에리노 바스와 도코데 노리마스까?

거기에 가는 직행버스가 있나요?

そこへ行く直通バスはありますか。

소코에 이쿠 쵸쿠츠-바스와 아리마스까?

UNIT 04
관광버스로 이동하기

닛코를 방문하는 투어는 있습니까?

日光のツアーはありますか。
にっこう

닉코-노 츠아-와 아리마스까?

버스는 어디서 기다립니까?

バスはどこで待っていますか。
ま

바스와 도코데 맛테이마스까?

투어는 몇 시에 어디서 시작됩니까?

ツアーは何時にどこから始まりますか。
なん じ　　　　　　　　　　はじ

츠아-와 난지니 도코카라 하지마리마스까?

몇 시에 돌아옵니까?

何時に戻って来ますか。
なん じ　　もど　　き

난지니 모돗테 키마스까?

UNIT 05
지하철&기차로 이동하기

지하철(전철) 노선도를 주세요.

地下鉄（電車）の路線図をください。

치카테츠(덴샤)노 로센즈오 쿠다사이

이 근처에 지하철역이 있습니까?

この近くに地下鉄の駅はありますか。

코노 치카쿠니 치카테츠노 에키와 아리마스까?

표는 어디서 삽니까?

切符はどこで買いますか。

킵푸와 도코데 카이마스까?

매표기는 어디에 있습니까?

切符販売機はどこですか。

킵푸함바이키와 도코데스까?

156

우에노공원으로 가려면 어디로 나가면 됩니까?

上野公園へ行くにはどこから出たらいいですか。
_{うえ の こうえん} _い _で

우에노 코-엥에 이쿠니와 도코카라 데타라 이-데스까?

어디서 갈아탑니까?

どこで乗り換えますか。
_{の か}

도코데 노리카에마스까?

이것은 미타역에 갑니까?

これは三田駅へ行きますか。
_{み た えき い}

코레와 미타에키에 이키마스까?

간다역은 몇 번째입니까?

神田駅はいくつ目ですか。
_{か んだえき} _め

칸다에키와 이쿠츠메데스까?

이 전철은 시부야 역에 섭니까?

この電車は渋谷駅に止まりますか。

코노 덴샤와 시부야에키니 토마리마스까?

이 노선의 종점은 어디입니까?

この路線の終点はどこですか。

코노 로센노 슈-텡와 도코데스까?

오사카까지 편도 티켓을 주세요.

大阪までの片道切符をください。

오-사카마데노 카타미치 킵푸오 쿠다사이

오사카 왕복 한 장 주세요.

大阪まで往復一枚ください。

오-사카마데 오-후쿠 이치마이 쿠다사이

더 빠른(늦은) 열차는 있습니까?

もっと早い(遅い)列車はありますか。

못토 하야이(오소이) 렛샤와 아리마스까?

급행열차입니까?

急行列車ですか。
きゅうこうれっしゃ

큐-코-렛샤데스까?

3번 홈은 어디입니까?

3番ホームはどこですか。
さんばん

삼방 호-무와 도코데스까?

(표를 보여주며) 이 열차 맞습니까?

この列車でいいですか。
れっしゃ

코노 렛샤데 이-데스까?

이 열차는 예정대로 출발합니까?

この列車は予定どおりですか。
れっしゃ   よてい

코노 렛샤와 요테- 도-리데스까?

식당 칸은 어디에 있습니까?

食堂のマスはどこにありますか。
しょくどう

쇼쿠도오노 마스와 도코니 아리마스카?

(여객전무) 도와 드릴까요?

お手伝いしましょうか。

오테츠다이 시마쇼-까?

오사카까지 몇 시간 걸립니까?

大阪まで何時間ですか。

오-사카마데 난지칸데스까?

표를 보여 주십시오.

乗車券を拝見します。

죠-샤켕오 하이켄시마스

잠시 기다려 주십시오.

ちょっと待ってください。

춋토 맛테 쿠다사이

다음 역은 무슨 역입니까?

次の駅は何駅ですか。

츠기노 에키와 나니 에키데스까?

UNIT 06
렌트카로 이동하기

렌트카를 빌리고 싶은데요.

レンタカーを借りたいのですが。

렌타카-오 카리타이노데스가

얼마나 렌트하실 예정이십니까?

どのくらいレンタルする予定ですか。

도노쿠라이 렌타루스루 요테-데스까?

차를 3일간 빌리고 싶습니다.

車を三日間借りたいです。

쿠루마오 믹카캉 카리타이데스

이것이 제 국제운전면허증입니다.

これが私の国際運転免許証です。

코레가 와타시노 코쿠사이 운템 멩쿄쇼-데스

렌터카 목록을 보여 주세요.

レンタカーリストを見せてください。

렌타카- 리스토오 미세테 쿠다사이

어떤 타입의 차가 좋으시겠습니까?

どのタイプの車がよろしいですか。

도노 타이푸노 쿠루마가 요로시-데스까?

싸고 운전하기 쉬운 차를 원합니다.

安くて運転しやすい車をお願います。

야스쿠테 운텐시야스이 쿠루마오네가이마스

중형차를 빌리고 싶은데요.

中型車を借りたいのですが。

츄-가타샤오 카리타이노데스가

오토매틱밖에 운전하지 못합니다.

オートマチックしか運転できません。

오-토마칙쿠시카 운텐 데키마셍

선불입니까?

まえばら
前払いですか。

마에바라이데스까?

보증금은 얼마입니까?

ほしょうきん
保証金はいくらですか。

호쇼-킹와 이쿠라데스까?

특별 요금은 있습니까?

とくべつりょうきん
特別料金はありますか。

토쿠베츠료-킹와 아리마스까?

요금에 보험은 포함되어 있습니까?

りょうきん　　ほ けん　　ふく
その料金に保険は含まれていますか。

소노 료-킨니 호켕와 후쿠마레테 이마스까?

긴급 연락처를 알려 주세요.

きんきゅうれんらくさき　　おし
緊急連絡先を教えてください。

킹큐-렝라쿠사키오 오시에테 쿠다사이

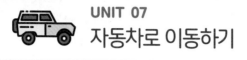

UNIT 07
자동차로 이동하기

도로지도를 주시겠습니까?

道路地図をいただけますか。

도-로치즈오 이타다케마스까?

닛코는 어느 길로 가면 됩니까?

日光へはどの道を行けばいいですか。

닛코-에와 도노 미치오 이케바 이-데스까?

곧장입니까, 아니면 왼쪽입니까?

まっすぐですか、それとも左ですか。

맛스구데스까, 소레토모 히다리데스까?

하코네까지 몇 킬로미터입니까?

箱根まで何キロですか。

하코네마데 낭키로데스까?

차로 후지산까지 어느 정도 걸립니까?

車で富士山までどのくらいかかりますか。

쿠루마데 후지삼마데 도노쿠라이 카카리마스까?

가장 가까운 교차로는 어디입니까?

いちばん近い交差点はどこですか。

이치반 치카이 코-사텡와 도코데스까?

이 근처에 주유소가 있습니까?

この近くにガソリンスタンドはありますか。

코노 치카쿠니 가소린스탄도와 아리마스까?

가득 넣어 주세요.

満タンにしてください。

만탄니 시테 쿠다사이

여기에 주차해도 됩니까?

ここに駐車してもいいですか。

코코니 츄-샤시테모 이-데스까?

배터리가 떨어졌습니다.

バッテリーがあがってしまいました。

밧테리-가 아갓테 시마이마시타

펑크가 났습니다.

パンクしました。

팡쿠시마시타

시동이 걸리지 않습니다.

エンジンがかからないんです。

엔징가 카카라나인데스

브레이크가 잘 안 듣습니다.

ブレーキのききがあまいです。

부레-키노 키키가 아마이데스

일본교통수단에 관한 정보

철도

일본의 철도는 시간이 정확한 것과 안전성이 높은 것으로 유명하다. 최대 규모의 JR(일본철도) 그룹은 국내 전역의 그물망 같은 노선망을 정비하고 있다. 빠르고 쾌적한 초특급 열차, 신칸센(고속철도)은 외국여행자에게도 권하고 싶은 교통수단으로, 십여 분 간격

으로 도쿄에서 주요 도시로 출발한다. 근거리 열차표는 각 역에 설치된 자동판매기에서 구매 가능하고 장거리 열차표의 구매나 예약은 역내의 미도리노 마도구치(녹색창구)에서 문의하면 된다.

※ 재팬 레일 패스(JR PASS)는 일본을 여행하는 외국인 관광객이 일본 전역의 JR 및 초고속 열차 '신칸센'을 비롯한 JR의 모든 교통망을 이용할 수 있는 교통패스이다. 재팬 레일 패스는 원칙적으로는 일본에 입국한 외국인 여

행자만을 대상으로 한 서비스로 해외(한국) 여행사 등을 통해서 패스 교환권을 구입하여 입국 후 지정된 장소에서 재팬 레일 패스 본권으로 교환한다. 단기간에 일본 전역을 둘러보고자 하는 사람들에게는 매우 경제적이고 편리한 제도이다.
※ 지방의 재팬 레일 패스는 한정된 도시에서 이용함으로써 보다 저렴한 가격으로 여행할 수 있는 장점이 있다.

- JR 홋카이도 레일패스

JR 홋카이도의 모든 노선 및 JR홋카이도 버스의 일부노선을 무제한 이용(연속 3일, 5일, 플렉시블 4일권 – 정해진 사용기간 내에 4일을 선택하여 사용)

- JR 이스트 패스(JR EAST PASS)

도쿄를 기점으로 동쪽지역(홋카이도 제외)을 여행할 때 적합.(연속 5일, 10일 플렉시블 4일권, 유스 – 만12세~만26세까지 대인 기준 50%할인)

- JR 웨스트 레일패스(JR WEST RAIL PASS)

교토, 오사카, 고베, 히메지 등 간사이 지역의 대부분의 JR의 급행 보통 열차를 승차할 수 있다.(연속 1일, 2일, 3일, 4일권)

- JR 큐슈 레일패스(KYUSHU RAIL PASS)

큐슈 지역의 JR특급 및 보통열차를 자유롭게 사용할 수 있는 패스다. (큐슈 전지역 3일, 5일권, 북큐슈 3일, 5일권)

지하철

일본의 요금 체계는 역마다 요금이 다르기 때문에 추가요금을 내거나 표를 다시 끊어야 하고 환승 시, 일단 개찰구를 나가야 하는 역도 있다. 환승 시에는 주황색 환승 전용 개찰구를 이용하고 환승 시간이 30분을 넘으면 새로운 승차권이 필요하니 주의한다.

버스

대도시 · 지방 도시에 관계없이 다양한 회사의 정기 노선버스가 운행되고 있다. 운임은 각 회사에 따라 다르지만 시내순환 버스의 경우 200엔 전후이다. 결제 시스템에는 선불과 후불, 두 종류가 있는데 타기 전에 요금을 지불할 경우 입구(入口)

가 앞문에 있고 출구(出口)는 뒷문이다(선불). 구간 요금은 이동한 거리의 정산이니 뒤에서 탑승하고 번호가 적힌 티켓을 뽑아 앞문에서 내리면서 운임을 지불하고 내린다(후불).

장거리 버스

대도시나 유명 관광지의 철도역을 기점으로 다양한 관광버스가 운행되고 있다. 대도시를 연결하는 시외 고속버스 노선이 잘 갖추어져 있고 신칸센보다 요금이 저렴한 반면 시간이 오래 걸린다는 단점이 있다. 심야버스를 이용하면 숙박비를 절약할 수 있고 다양한 승차권이 있으니 일정과 노선을 고려해 구매한다. 우리나라와 달리 표 구매와 좌석 예약이 구분되어 노선이 많지 않은 곳은 예약이 필수이다. 전화 또는 터미널에서 예약한다.

택시

택시는 편리한 이동 수단의 하나로 일본어를 못 해도 주소나 명함을 제시하면 목적지까지 정확하게 데려다 준다. 일본 택시는 친절하고 합승이 없는 반면 요금이 비싸다. 조수석 위쪽에 적색 램프가 점등되어 있으면 빈 택시로 손

을 들어 세우면 된다. 택시는 자동문이므로 문이 열릴 때까지 기다리고 지역마다 기본요금과 가산금이 다르며 23시부터 5시까지 심야할증이 붙는다.

近(ちか)く 치카쿠 가까운

標示(ひょうじ)する 효-지수루 표시하다

旅行客(りょこうきゃく) 료코-캬쿠 여행객

自分自身(じぶんじしん) 지붕지싱 자기 자신

路線(ろせん) 로셍 노선

お釣(つ)り 오츠리 거스름돈

小銭(こぜに) 코제니 잔돈

乗(の)り換(か)える 노리카에루 갈아타다

駅(えき) 에키 역

もう一度(いちど) 모-이치도 다시

帰(かえ)る 카에루 돌아가다

自動販売機(じどうはんばいき) 지도-함바이키 자동판매기

出口(でぐち) 데구치 출구

公園(こうえん) 코-엥 공원

止(と)まる 토마루 멈추다

170

미리 알고 가면 유용한 일단어

次(つぎ) 츠기 다음

切符(きっぷ)**売**(う)**り場**(ば) 킵푸우리바 매표소

予約(よやく)**する** 요야쿠수루 예약하다

乗(の)**り場**(ば) 노리바 승차장

パスポート 파스포-토 여권

借(か)**りる** 카리루 빌리다

ガソリンスタンド 가소링스탄도 주유소

オート 오-토 자동

料金(りょうきん) 료-킹 요금

保険(ほけん) 호켕 보험

価格(かかく) 카카쿠 가격

救急(きゅうきゅう) 큐-큐- 응급

PART 05

관광 觀光

∴ 단어 바꿔가면서 다양한 대표 회화 익히기

( )를(을) 해보고 싶은데요.

をしてみたいんですが。

スキー	**ダイビング**	**ゴルフ**	**テニス**
스키- 스키	다이빙구 다이빙	고루후 골프	테니스 테니스

그( )는(은) 매일 있습니까?

その は毎日ありますか。

観光(かんこう)	**フェスティバル**	**ディナーショー**	**行事(ぎょうじ)**
캉고- 관광	훼스티바루 페스티벌	디나-쇼- 디너쇼	교-지 행사

( )는(은) 언제 있습니까?

はいつありますか。

公演(こうえん)	**ミュージカル**	**演劇(えんげき)**	**マジックショー**
코-엥 공연	뮤-지카루 뮤지컬	엥게키 연극	마짓쿠쇼- 마술쇼

관광 안내소는 어디에 있습니까?

かんこうあんないしょ
観光案内所はどこですか。

캉코-안나이쇼와 도코데스까?

이 도시의 관광안내 팸플릿이 있습니까?

まち　　かんこうあんない
この町の観光案内パンフレットはありますか。

코노 마치노 캉코-안나이 팡후렛토와 아리마스까?

무료 시내지도는 있습니까?

むりょう　　しがいちず
無料の市街地図はありますか。

무료-노 시가이치즈와 아리마스까?

관광지도를 주세요.

かんこうちず
観光地図をください。

캉코-치즈오 쿠다사이

여기서 볼 만한 곳을 가르쳐 주세요.

ここの見どころを教えてください。

코코노 미도코로오 오시에테 쿠다사이

당일치기로 어디에 갈 수 있습니까?

日帰りではどこへ行けますか。

히가에리데와 도코에 이케마스까?

경치가 좋은 곳을 아십니까?

景色のいいところをご存じですか。

케시키노 이- 토코로오 고존지데스까?

거기에 가려면 투어에 참가해야 합니까?

そこへ行くにはツアーに参加しなくてはなりませんか。

소코에 이쿠니와 츠아-니 상카시나쿠테와 나리마셍까?

175

여기서 표를 살 수 있습니까?

ここで切符が買えますか。

코코데 킵푸가 카에마스까?

할인 티켓은 있나요?

割引チケットはありますか。

와리비키 치켓토와 아리마스까?

지금 축제는 하고 있나요?

今お祭りをしていますか。

이마 오마츠리오 시테이마스까?

여기서 걸어서 갈 수 있습니까?

ここから歩いて行けますか。

코코카라 아루이테 이케마스까?

왕복으로 어느 정도 걸립니까?

往復でどのくらいかかりますか。

오-후쿠데 도노쿠라이 카카리마스까?

176

관광버스 투어는 있습니까?

観光バスツアーはありますか。

캉코바스 츠아-와 아리마스까?

투어는 매일 있습니까?

ツアーは毎日出ていますか。

츠아-와 마이니치 데테 이마스까?

오전(오후) 코스는 있습니까?

午前(午後)のコースはありますか。

고젠(고고)노 코-스와 아리마스까?

야간 관광은 있습니까?

ナイトツアーはありますか。

나이토 츠아-와 아리마스까?

177

투어는 몇 시간 걸립니까?

ツアーは何時間かかりますか。

츠아-와 난지캉카 카리마스까?

식사는 나옵니까?

食事は付いていますか。

쇼쿠지와 츠이테 이마스까?

몇 시에 출발합니까?

出発は何時ですか。

슙파츠와 난지데스까?

어디서 출발합니까?

どこから出ますか。

도코카라 데마스까?

한국어 가이드는 있습니까?

韓国語のガイドは付きますか。

캉코쿠고노 가이도와 츠키마스까?

요금은 얼마입니까?

りょうきん
料金はいくらですか。

료-킹와 이쿠라데스까?

자유시간은 있나요?

じ ゆう じ かん
自由時間はありますか。

지유-지캉와 아리마스까?

여기서 얼마나 머뭅니까?

と
ここでどのくらい止まりますか。

코코데 도노쿠라이 토마리마스까?

몇 시에 버스로 돌아오면 됩니까?

なん じ　　　　　　　　　 もど
何時にバスに戻ればいいですか。

난지니 바스니 모도레바 이-데스까?

시간은 어느 정도 있습니까?

じ かん
時間はどのくらいありますか。

지캉와 도노쿠라이 아리마스까?

전망대는 어떻게 올라갑니까?

展望台へはどこから上がるのですか。

템보-다이에와 도코카라 아가루노데스까?

저 건물은 무엇입니까?

あの建物は何ですか。

아노 타테모노와 난데스까?

언제 세워졌습니까?

いつごろ建てられたのですか。

이츠고로 다테라레타노데스까?

퍼레이드는 언제 있습니까?

パレードはいつありますか。

파레-도와 이츠 아리마스까?

기념품 가게는 어디에 있습니까?

おみやげ店はどこですか。

오미야게텡와 도코데스까?

UNIT 03
관람하기와 사진찍기

안녕하세요? 무엇을 도와드릴까요?

こんにちは。何^{なに}をお手伝^{てつだ}いしましょうか。

콘니치와 나니오 오테츠다이시마쇼오카?

티켓은 어디서 삽니까?

チケットはどこで買^かえますか。

치켓토와 도코데 카에마스까?

입장료는 얼마입니까?

入場料^{にゅうじょうりょう}はいくらですか。

뉴-죠-료-와 이쿠라데스까?

어른 2장 주세요.

大人^{おとな}2枚^{にまい}ください。

오토나 니마이 쿠다사이

181

학생 한 장 주세요.

がくせいいちまい
学生1枚ください。

각세- 이치마이 쿠다사이

단체할인은 있습니까?

だんたいわりびき
団体割引はありますか。

단타이 와리비키와 아리마스까?

이 티켓으로 모든 전시를 볼 수 있습니까?

てん じ   み
このチケットですべての展示が見られますか。

코노 치켓토데 스베테노 텐지가 미라레마스까?

오늘 표는 아직 있습니까?

きょう   きっぷ
今日の切符はまだありますか。

쿄-노 킵푸와 마다 아리마스까?

여기서 티켓을 예약할 수 있나요?

よ やく
ここでチケットの予約ができますか。

코코데 치켓토노 요야쿠가 데키마스까?

내일 밤 표 두 장 주세요.

明日の晩の切符を2枚お願いします。
あした ばん きっぷ にまい ねが

아시타노 반노 킵푸오 니마이 오네가이시마스

가장 싼 자리는 얼마입니까?

一番安い席はいくらですか。
いちばん やす せき

이치방 야스이 세키와 이쿠라데스까?

가장 좋은 자리를 주세요.

一番いい席をください。
いちばん せき

이치방 이- 세키오 쿠다사이

무료 팸플릿은 있습니까?

無料のパンフレットはありますか。
むりょう

무료-노 팡후렛토와 아리마스까?

짐을 맡아 주세요.

荷物を預かってください。
に もつ あず

니모츠오 아즈캇테 쿠다사이

183

관내를 안내할 가이드는 있습니까?

館内を案内するガイドはいますか。
かんない　あんない

칸나이오 안나이스루 가이도와 이마스까?

한국어를 할 수 있는 가이드를 부탁드립니다.

韓国語ができるガイドをお願いします。
かんこく　ご　　　　　　　　　　　　　ねが

칸코쿠고가 데키루 가이도오 오네가이시마스

이 그림은 누가 그렸습니까?

この絵は誰が描いたのですか。
え　だれ　か

코노 에와 다레가 카이타노데스까?

재입관할 수 있습니까?

再入館できますか。
さいにゅうかん

사이뉴-칸 데키마스까?

오늘밤에는 무엇을 상영합니까?

今夜の上演は何ですか。
こん や　じょうえん　なん

콩야노 죠-엥와 난데스까?

재미있습니까?

面白いですか。

오모시로이데스까?

누가 출연합니까?

誰が出演するのですか。

다레가 슈츠엔스루노데스까?

몇 시에 시작합니까?

何時に始まりますか。

난지니 하지마리마스까?

이번 주 클래식 콘서트는 없습니까?

今週クラシックコンサートはありませんか。

콘슈- 쿠라식쿠 콘사-토와 아리마셍까?

여기서 사진을 찍어도 됩니까?

ここで写真を撮ってもいいですか。

코코데 샤싱오 톳테모 이-데스까?

여기서 플래시를 사용해도 됩니까?

ここでフラッシュを使ってもいいですか。

코코데 후랏슈오 츠캇테모 이-데스까?

비디오 촬영을 해도 됩니까?

ビデオ撮影してもいいですか。

비데오 사츠에- 시테모 이-데스까?

함께 사진을 찍으시겠습니까?

一緒に写真を撮ってください。

잇쇼니 샤싱오 톳테 쿠다사이

사진 좀 찍어 주시겠어요?

私の写真を撮ってください。

와타시노 샤싱오 톳테 쿠다사이

여기서 우리들을 찍어 주십시오.

ここから私たちを撮ってください。

코코카라 와타시타치오 톳테 쿠다사이

186

한 장 더 부탁합니다.

もう一枚お願いします。

모- 이치마이 오네가이 시마스

예쁘게 찍어 주세요.

きれいに撮ってください。

키레이니 톳테 쿠다사이

건전지는 어디서 살 수 있나요?

電池はどこで買えますか。

덴치와 도코데 카에마스까?

이쪽을 보세요.

こちらを見てください。

코치라오 미테쿠다사이

네, 찍습니다. 치-즈

はい、撮ります。チーズ。

하이, 토리마스 치-즈

UNIT 04
흥미&레저활동하기

좋은 나이트클럽은 있나요?

いいナイトクラブはありますか。

이- 나이토쿠라부와 아리마스까?

디너쇼를 보고 싶은데요.

ディナーショーを見たいのですが。

디나-쇼-오 미타이노데스가

오늘밤 리사이틀은 몇 시부터 합니까?

今晩のリサイタルは何時からですか。

콤반노 리사이타루와 난지카라데스까?

이건 무슨 쇼입니까?

これはどんなショーですか。

코레와 돈나 쇼-데스까?

함께 춤추시겠어요?

一緒に踊りませんか。

잇쇼니 오도리마셍까?

무대 근처 자리로 주시겠어요?

舞台の近くの席を下さいませんか。

부타이노 치카쿠노 세키오 쿠다사이마셍까?

이 건물에 노래방은 있습니까?

この建物にカラオケがありますか。

코노 타테모노니 카라오케가 아리마스카?

기본은 몇 시간입니까?

基本は何時間ですか。

키홍와 난지칸데스까?

요금은 얼마입니까?

料金はいくらですか。

료-킹와 이쿠라데스까?

한국 노래는 있습니까?

韓国の曲はありますか。

캉코쿠노 쿄쿠와 아리마스까?

파친코는 몇 시부터 합니까?

パチンコは何時からですか。

파칭코와 난지카라데스까?

좋은 파친코 가게를 소개해 주시겠어요?

いいパチンコ屋を紹介してください。

이- 파칭코야오 쇼-카이시테 쿠다사이?

파친코는 아무나 들어갈 수 있습니까?

パチンコ屋へは誰でも入れますか。

파칭코야에와 다레데모 하이레마스까?

구슬은 어떻게 바꿉니까?

玉はどうやって交換しますか。

타마와 도-얏테 코-칸시마스까?

남은 구슬을 현금으로 바꾸고 싶은데요.

残った玉を現金に変えたいんですが。

노콧타 타마오 겡킨니 카에타인데스가

오늘 프로야구 시합은 있습니까?

今日プロ野球の試合はありますか。

쿄- 푸로야큐-노 시아이와 아리마스까?

어디서 합니까?

どこで行われますか。

도코데 오코나와레마스까?

몇 시부터입니까?

何時からですか。

난지카라데스까?

어느 팀의 시합입니까?

どのチームの試合ですか。

도노 치-무노 시아이데스까?

스키를 타고 싶은데요.

スキーが乗りたいのですが。

스키-가 노리타이노데스가

레슨을 받고 싶은데요.

レッスンを受けたいのですが。

렛승오 우케타이노데스가

스키용품은 어디서 빌릴 수 있나요?

スキー用具はどこで借りることができますか。

스키- 요-구와 도코데 카리루 코토가 데키마스까?

리프트 승강장은 어디인가요?

リフト乗り場はどこですか。

리후토 노리바와 도코데스까?

일본 관광 알짜 정보

도쿄

일본의 수도로 정치, 경제의 중심지. 전형적인 도시의 모습이면서 전통을 고스란히 간직한 신사가 공존하는 화려한 문화의 산물이다.

신주쿠

도쿄 제일의 번화가로 서울의 명동과 비슷하다. 도쿄 관광의 1순위이자 일본 제일의 번화가로 대형백화점과 쇼핑 거리가 주를 이루고 있다. 명소는 유흥가 가부키초와 황실 정원이었던 신주쿠 교엔으로 4월 벚꽃과 11월 국화꽃 필 때 가장 아름답다. 그 외 도쿄 도청 위의 전망대는 무료이다.

하라주쿠

신주쿠와 함께 도쿄를 방문하는 여행자들이 가장 많이 찾는 하라주쿠. 패션의 1번지로 꼽히는 젊음의 거리로 독특한 디자인의 점포가 많고 파리를 연상케 하는 노천카페나 부티크는 다른 곳에서 찾아볼 수 없는 색다른 매력을 선사한다. 특히 차가 통제되는

주말이면 많은 젊은이가 모여 각종 연주나 공연이 펼쳐지고 운이 좋다면 코스프레

도 구경할 수 있다.

시부야

최첨단 유행의 발상지이자 소비의 거리로 밤낮을 가리지 않고 수많은 인파가 몰리는 이유도 이와 무관하지 않다. 지금도 새로운 명소가 쉴 새 없이 나타나고 사라지는 등 시부야의 발전은 언제나 현재 진행형이다. 사람도 많고 볼거리도 많아 몇 시간 만에 모두 둘러보려고 욕심을 내면 지칠 수밖에 없으니 관심이 있거나 사고 싶은 것을 미리 확인하고 취향에 따라 몇 곳을 집중적으로 둘러보는 것이 좋다.

오다이바

19세기 중반 서양 함선을 방어하기 위해 대포를 설치한 인공섬에서 현재는 젊은 이들의 데이트 코스로 가장 많은 사랑을 받고 있는 오다이바는 도쿄의 이미지를 가장 선명하게 보여주는 곳이다. 명소로는 유럽을 옮겨 놓은 듯한 복합 쇼핑몰 비너스 포트와 야경이 아름다운 레인보우 브릿지가 있다.

아사쿠사

현대화의 극치를 달리는 도쿄에서 전통적인 색깔을 간직한 아사쿠사는 신사와 절, 불상 등이 잘 보존되어 있어 우리의 인사동과 비슷하다. 또한, 전통적인 손맛을 느낄 수 있는 맛집들과 서민의 정서가 가득한 상점가와 주점 거리, 전통 공연장들이 골목골목 숨

어 있어 걸으면 걸을수록 매력이 느껴진다. 일본 인력거 '징리키샤'도 볼 수 있다.

오키나와

아시아의 하와이로 불리는 오키나와는 오키나와현에서 가장 크고 중심이 되는 섬으로, 아름다운 산호초와 에메랄드 빛 바다로 복잡한 도시에서 벗어나 자연과 함께 휴식을 취하고픈 여행자에게 추천한다.

만좌모

18세기 류큐 왕국의 쇼케이왕이 '만명이 앉아도 될 넉넉한 벌판'이라 감탄하여 만좌모라 불리게 되었다고 한다. 석회암이 침식되어 만들어진 절벽과 푸른 바다가 어우러진 모습은 오키나와 최고의 풍경으로 손꼽힌다.

츄라우미 수족관

오키나와 해양 엑스포 공원 내에 있는 츄라우미 수족관은 세계적 규모를 자랑하고 있어 보는 사람으로 하여금 놀라움과 감탄을 자아낸다. 또한, 다양한 체험장을 통해 바다의 신비로움을 시각적, 촉각적으로 만족시켜 준다. 수족관은 산호의 바다, 열대어의

바다, 심해의 바다, 위험천만한 상어의 바다, 난류의 바다 등 5가지 테마로 나누어져 있다.

슈리성

슈리는 류큐 왕국의 수도였다. 외관의 주조색이 붉은색이어서 언뜻 중국풍 느낌이 나는데, 실제로 중국과 일본의 문화를 융합한 새로운 건축양식으로 지은 건물이다. 세계문화유산에 등재되어 있으며 류큐만의 독특한 문화가 새로운 풍광을 자아낸다.

쿄토

도쿄가 현대 일본의 상징이라면 교토는 일본 역사의 상징으로 경제, 문화의 중심지이자 국제적인 관광도시로 일본의 전통을 고스란히 간직한 도시이다.

키요미즈데라(청수사)

순수하고 깨끗한 물이라는 뜻의 사원으로 절벽 위에 지어진 사찰이다. 안에는 사랑을 이루어준다는 지슈 신사와 마시면 건강, 학업, 연애에 효험이 있다는 오토와 폭포가 있고 지슈 벚꽃이 유명하다. 청수사 가는 길에 산넨자카 거리가 나오는데 소박한 소품들과 먹거리 등을 파는 가게가 많고 "산넨자카 거리에서 넘어지면 3년 안에 재앙이 찾아온다"라는 재미난 속설이 있다.

킨카쿠지(금각사)

정식 명칭은 로쿠온지(鹿苑寺)이지만, 킨카쿠지(金閣寺, 금각사)라는 이름으로 더 유명하다.
1층은 헤이안 시대 귀족의 주거 양식이, 2층은 무가 저택의 주거 양식이,

3층은 선종 사찰의 건축양식을 따른 것이 독특하다. 2층에 불상이 안치되어 있다. 킨카쿠지를 둘러싼 정원은 무로마치 시대의 지센카이유식 정원으로서 일본의 특별 사적 · 명승지로 지정되어 있다. 금박을 입힌 누각이 잔잔한 연못에 반영되어 아름다움을 더한다. 킨카쿠지 뒷산의 셋카테이(夕佳亭)에 올라 극락정토를 표현했다는 사찰의 전경을 감상하기 좋다.

은각사와 철학자의 길

은각사 가는 길에 철학자의 길이 있으니 일거양득이다. 화려함이나 웅장함은 없지만 소박한 오솔길을 묵묵히 걷다 보면 일본 특유의 정원 건물로 지어진 은각사를 만나게 된다. 모래정원과 모래탑이 유명하고 금각사와는 다른 단아함이 있다.

철학자의 길에서 만날 수 있는 보너스로 요지야 카페가 있는데 조용하고 차분한 정원과 그린티 라떼가 유명하다. 정원 안쪽에 요지야 화장품도 판매하고 있다.

기온거리

'고색창연하다', '일본의 전통문화를 만끽할 수 있다' 등의 수식어가 붙는 기온거리는 전통가옥을 개조한 찻집과 과자점, 기념품 가게 등이 많다. 키요미즈데라, 은각사와 가까운 거리에 있고 운이 좋다면 해 질 녘의 기온거리에서 게이샤를 만날 수 있다.

미리 알고 가면 유용한 일단어

情報(じょうほう) 죠-호- 정보

観光(かんこう) 캉코- 관광

興味(きょうみ)**がある** 쿄-미가아루 흥미있는

参加(さんか)**する** 상카수루 참가하다

割引(わりびき) 와리비키 할인

お祭(まつ)**り** 오마츠리 축제

毎日(まいにち) 마이니치 매일

古析終(お)**える** 오에루 끝내다

道案内者(みちあんないしゃ) 미치안나이샤 인도자

山(やま) 야마 산

展望台(てんぼうだい) 템보-다이 전망대

建物(たてもの) 타테모노 건물

生(い)**きる** 이키루 살다

行進(こうしん) 코-싱 행진

写真(しゃしん) 샤싱 사진

미리 알고 가면 유용한 일단어

葉書(はがき) 하가키　엽서

記念品(きねんひん) 키넹힝　기념품

オリジナル 오리지나루　원래의

立場(たちば) 타치바　입장

料金(りょうきん) 료-킹　요금

大人(おとな) 오토나　어른

学生(がくせい) 가쿠세이　학생

団体(だんたい) 단타이　단체

描(えが)**く** 에가쿠　그리다

再入場(さいにゅうじょう) 사이뉴-죠-　재입장

内部(ないぶ) 나이부　내부

現(あらわ)**れる** 아라와레루　나타나다

ミュージカル 뮤-지카루　뮤지컬

古典的(こてんてき) 코텐테키　고전적인

ディスカウント 디스카운토　디스카운트

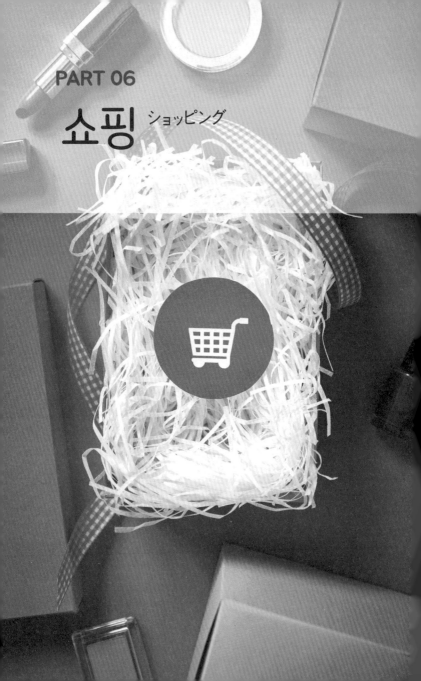

PART 06

쇼핑 ショッピング

∴ 단어 바꿔가면서 다양한 대표 회화 익히기

(   )에게 줄 선물을 찾고 있습니다.

にあげるプレゼントを探しています。

妻(つま)
츠마 아내

娘(むすめ)
무스메 딸

息子(むすこ)
무스코 아들

父母(ふぼ)
후보 부모님

이 (   )는(은) 좋아하지 않습니다.

この   は好きじゃありません。

スタイル
스타이루 스타일

デザイン
데자인 디자인

模様(もよう)
무요- 무늬

ブランド
부란도 브랜드

(   ) 를 찾고 있습니다.

を探しています。

靴(くつ)
쿠츠 구두

スカート
스카-토 스커트

シャツ
샤츠 셔츠

ブラウス
부라우스 블라우스

201

UNIT 01
쇼핑센터 찾기

이 도시의 쇼핑거리는 어디에 있습니까?

この町のショッピング街はどこですか。

코노 마치노 숍핑구가이와 도코데스까?

선물은 어디서 살 수 있습니까?

おみやげはどこで買えますか。

오미야게와 도코데 카에마스까?

면세점은 있습니까?

免税店はありますか。

멘제-텡와 아리마스까?

이 주변에 백화점은 있습니까?

この辺りにデパートはありますか。

코노 아타리니 데파-토와 아리마스까?

세일은 어디서 하고 있습니까?

バーゲンはどこでやっていますか。

바-겡와 도코데 얏테 이마스까?

이 주변에 할인점은 있습니까?

この辺りにディスカウントショップはありますか。

코노 아타리니 디스카운토숍푸와 아리마스까?

그 가게는 오늘 문을 열었습니까?

その店は今日開いていますか。

소노 미세와 쿄- 아이테 이마스까?

영업시간은 몇 시부터 몇 시까지입니까?

営業時間は何時から何時までですか。

에-교-지캉와 난지카라 난지마데 데스까?

UNIT 02
원하는 물건 찾기

어서 오십시오.

いらっしゃいませ。

이랏샤이마세

무얼 찾으십니까?

何かお探しですか。

나니카 오사가시데스까?

그냥 구경하는 겁니다.

見ているだけです。

미테이루 다케데스

좀 보고 있습니다.

ちょっと見せてもらっています。

촛토 미세테 모랏테이마스

필요한 것이 있으시면 말씀하십시오.

何かご用がありましたら、お知らせください。

나니카 고요-가 아리마시타라, 오시라세 쿠다사이

여기 잠깐 봐 주시겠어요?

ちょっとよろしいですか。

춋토 요로시-데스까?

저걸 보여 주세요.

あれを見せてください。

아레오 미세테 쿠다사이

블라우스를 찾고 있습니다.

ブラウスを探しています。

부라우스오 사가시테 이마스

205

코트를 찾고 있습니다.

コートを探しているのです。

코-토오 사가시테 이루노데스

운동화를 사고 싶은데요.

スニーカー買いたいのです。

스니-카-오 카이타이노데스

아내에게 선물할 것을 찾고 있습니다.

妻へのプレゼントを探しています。

츠마에노 푸레젠토오 사가시테 이마스

선물로 적당한 것은 없니까?

何かおみやげに適当な物はありませんか。

나니카 오미야게니 테키토-나 모노와 아리마셍까?

이것과 같은 것은 있습니까?

これと同じものはありますか。

코레토 오나지 모노와 아리마스까?

이것뿐입니까?

これだけですか。

코레다케데스까?

이것 6호는 있습니까?

これの6号_{ろくごう}はありますか。

코레노 로쿠 고-와 아리마스까?

30세 정도의 남자에게는 뭐가 좋을까요?

30歳_{さんじゅっさい}くらいの男性_{だんせい}には何_{なに}がいいですか。

산⊠줏사이 쿠라이노 단세-니와 나니가 이-데스까?

어느 것이 좋을까요?

どれがいいと思_{おも}いますか。

도레가 이-토 오모이마스까?

둘 다 좋아요. 망설여지네요.

両方_{りょうほう}ともいいです。迷_{まよ}ってしまいますね。

료-호-토모 이-데스. 마욧테 시마이마스네

UNIT 03
원하는 색상과 디자인 찾기

무슨 색이 있습니까?

何色がありますか。

나니이로가 아리마스까?

빨간 것은 있습니까?

赤いのはありますか。

아카이노와 아리마스까?

너무 화려(수수)합니다.

派手(地味)すぎます。

하데(지미)스기마스

더 수수한 것은 있습니까?

もっと地味なのはありますか。

못토 지미나노와 아리마스까?

이 색은 좋아하지 않습니다.

この色は好きではありません。

코노 이로와 스키데와 아리마셍

다른 스타일은 있습니까?

ほかのスタイルはありますか。

호카노 스타이루와 아리마스까?

몇 가지 보여 주세요.

いくつか見せてください。

이쿠츠카 미세테 쿠다사이

어떤 디자인이 유행하고 있습니까?

どんなデザインが流行していますか。

돈나 데자잉가 류-코-시테 이마스까?

이런 디자인은 좋아하지 않습니다.

このデザインは好きではありません。

코노 데자잉와 스키데와 아리마셍

디자인이 비슷한 것은 있습니까?

デザインが似ているものはありますか。

데자잉가 니테이루 모노와 아리마스까?

어떤 사이즈를 찾으십니까?

どのサイズをお探しですか。

도노 사이즈오 오사가시데스까?

사이즈는 이것뿐입니까?

サイズはこれだけですか。

사이즈와 코레다케데스까?

제 사이즈를 모르겠는데요.

自分のサイズがわからないのですが。

지분노 사이즈가 와카라나이노데스가

210

더 큰 것은 있습니까?

もっと大きいのはありますか。

못토 오-키-노와 아리마스까?

재질은 무엇입니까?

材質は何ですか。

자이시츠와 난데스까?

질은 괜찮습니까?

質はいいですか。

시츠와 이-데스까?

이건 실크 100%입니까?

これはシルク100%ですか。

코레와 시루쿠 햐쿠 파-센토데스까?

이건 수제입니까?

これはハンドメイドですか。

코레와 한도메이도데스까?

UNIT 04
백화점&면세점 쇼핑

면세점이 백화점 안에 있습니까?

免税店がデパートの中にありますか。

멘제-텡가 데파-토노 나카니 아리마스까?

면세점은 어디에 있습니까?

免税店はどこにありますか。

멘제-텡와 도코니 아리마스까?

신사복 매장은 몇 층입니까?

紳士服売場は何階ですか。

신시후쿠우리바와 낭가이데스까?

여성복 매장은 어디에 있습니까?

婦人服売場はどこですか。

후징후쿠우리바와 도코데스까?

212

화장품은 어디서 살 수 있습니까?

化粧品はどこで買えますか。

케쇼-힝와 도코데 카에마스까?

저기 디스플레이 되어 있는 셔츠는 어디에 있습니까?

あそこに飾ってあるシャツはどこにありますか。

아소코니 카잣테 아루 샤츠와 도코니 아리마스까?

세일하는 물건을 찾고 있습니다.

バーゲン品を探しています。

바-겡힝오 사가시테이마스

더 싼 것은 없습니까?

もっと安い物はありませんか。

못토 야스이 모노와 아리마셍까?

213

다른 상품을 보여 주세요.

他の商品を見せてください。
ほか　しょうひん　み

호카노 쇼-힝오 미세테 쿠다사이

예산은 어느 정도이십니까?

ご予算はおいくらぐらいでしょうか。
よ　さん

고요-상와 오이쿠라 구라이데쇼까?

신상품은 어느 것입니까?

新商品はどれですか。
しんしょうひん

신쇼-힝와 도레데스까?

손질은 어떻게 하면 됩니까?

手入れはどうすればいいですか。
て　い

테이레와 도-스레바 이-데스까?

이것은 어느 브랜드입니까?

これはどこのブランドですか。

코레와 도코노 부란도데스까?

얼마까지 면세가 됩니까?

いくらまで免税になりますか。

이쿠라마데 멘제-니 나리마스까?

어느 브랜드가 좋겠습니까?

どのブランドがいいです。

도노 브렌도가 이-데스까?

일본의 전통적인 것을 사고 싶은데요.

日本の伝統的なのが買いたいんですが。

니혼노 텐토-테키나노가 카이타잉데스가

이 가게에서는 면세로 살 수 있습니까?

この店では免税で買うことができますか。

코노 미세데와 멘제-데 카우 코토가 데키마스까?

비행기를 타기 전에 수취하십시오.

飛行機に乗る前にお受け取りください。

히코-키니 노루 마에니 오우케토리 쿠다사이

UNIT 05
물건 계산

계산은 어디서 합니까?

会計はどちらですか。
かいけい

카이케-와 도치라데스까?

전부해서 얼마입니까?

全部でいくらですか。
ぜんぶ

젬부데 이쿠라데스까?

하나에 얼마입니까?

1つ、いくらですか。
ひと

히토츠 이쿠라데스까?

이건 세일 중입니까?

これはセール中ですか。
ちゅう

코레와 세-루츄데스까?

세금이 포함된 가격입니까?

<ruby>税<rt>ぜい</rt></ruby><ruby>金<rt>きん</rt></ruby>が<ruby>含<rt>ふく</rt></ruby>まれた<ruby>額<rt>がく</rt></ruby>ですか。

제이킹가 후쿠마레타 가쿠데스까?

깎아 주시겠어요?

<ruby>負<rt>ま</rt></ruby>けてくれますか。

마케테 쿠레마스까?

현금으로 지불하면 더 싸게 됩니까?

<ruby>現<rt>げん</rt></ruby><ruby>金<rt>きん</rt></ruby><ruby>払<rt>ばら</rt></ruby>いなら<ruby>安<rt>やす</rt></ruby>くなりますか。

겡킹바라이나라 야스쿠 나리마스까?

왜 가격이 다릅니까?

どうして<ruby>値<rt>ね</rt></ruby><ruby>段<rt>だん</rt></ruby>が<ruby>違<rt>ちが</rt></ruby>うんですか。

도-시테 네당가 치가운데스까?

217

조금 할인해 줄 수 있나요?

少し割引できますか。

스코시 와리비키 데키마스까?

지불은 어떻게 하시겠습니까?

お支払いはどうなさいますか。

오시하라이와 도- 나사이마스까?

카드도 됩니까?

カードで支払いできますか。

카-도데 시하라이 데키마스까?

영수증을 주시겠어요?

領収書いただけますか。

료-슈-쇼 이타다케마스까?

지금 주문하면 곧 받을 수 있습니까?

いま注文すれば、すぐ手に入りますか。

이마 츄-몬스레바, 스구테니 하이리마스까?

UNIT 06
포장&배송

이것을 선물용으로 포장해 주시겠어요?

これをギフト用に包んでもらえますか。

코레오 기후토요-니 츠츤데 모라에마스까?

따로따로 포장해 주세요.

別々に包んでください。

베츠베츠니 츠츤데 쿠다사이

이걸 OO호텔까지 갖다 주시겠어요?

これをOOホテルまで持ってくれますか。

코레오 OO호테루마데 못테쿠레마스까?

오늘 중으로 배달해 주었으면 하는데요.

今日中に届けてほしいのですが。

쿄-쥬니 토도케테 호시이노데스가

별도로 요금을 냅니까?

別料金が要りますか。

べつりょうきん　い

베츠료-킹가 이리마스까?

이 주소로 보내 주세요.

この住所に送ってください。

じゅうしょ　おく

코노 쥬-쇼니 오쿳테 쿠다사이

이 가게에서 한국으로 발송해 주실 수 있나요?

この店から韓国に発送してもらえますか。

みせ　かんこく　はっそう

코노 미세카라 캉코쿠니 핫소-시테 모라에마스까?

항공편으로 부탁합니다.

航空便でお願いします。

こう くう びん　ねが

코-쿠-빈데 오네가이시마스

한국까지 항공편으로 며칠 정도 걸립니까?

韓国まで航空便で何日ぐらいかかりますか。

かんこく　こう くう びん　なんにち

캉코쿠마데 코-쿠-빈데 난니치 구라이 카카리마스까?

UNIT 07
반품&환불

다른 것으로 바꿔 주시겠어요?

別の物と取り替えていただけますか。

베츠노모노토 토리카에테 이타다케마스까?

원래 여기에 흠집이 있었습니다.

元々ここに傷がありました。

모토모토 코코니 키즈가 아리마시타

구입 시에 망가져 있었습니까?

ご購入時に壊れていましたか。

고코-뉴-지니 코와레테 이마시다까?

샀을 때는 몰랐습니다.

買ったときには気がつきませんでした。

캇타 토키니와 키가 츠키마센데시타

새 것으로 바꿔드리겠습니다.

新しいものとお取り替えします。

아타라시- 모노토 오토리카에시마스

반품하고 싶은데요.

返品したいのですが。

헴핑시타이노데스가

환불해 주시겠어요?

返金してもらえますか。

헹킨시테 모라에마스까?

영수증은 여기 있습니다.

領収書はこれです。

료-슈-쇼와 코레데스

어제 샀습니다.

昨日買いました。

키노- 카이마시타

사이즈가 안 맞았어요.

サイズが合<ruby>あ</ruby>いませんでした。

사이즈가 아이마센데시타

여기가 더럽습니다.

ここが汚<ruby>よご</ruby>れています。

코코가 요고레테 이마스

아직 사용하지 않았습니다.

まだ使<ruby>つか</ruby>っていません。

마다 츠캇테 이마셍

산 물건하고 다릅니다.

買<ruby>か</ruby>ったものと違<ruby>ちが</ruby>います。

캇타 모노토 치가이마스

구입한 게 아직 배달되지 않았습니다.

買<ruby>か</ruby>ったものがまだ届<ruby>とど</ruby>きません。

캇타 모노가 마다 토도키마셍

일본에서 쇼핑 알짜 쇼핑하기

드럭 스토어 Drug store

약 파는 상점이란 뜻이지만 우리나라의 편의점이나 마트 정도로 생각하면 된다. 우리나라도 드럭 스토어가 점차 생기는 추세로 일본 드럭 스토어는 의약품, 화장품, 생활잡화, 건강식품 등을 판매하고 상점마다 가격차가 있으니 2~3군데 비교하고 구입한다.

한국에서 인기 있는 일본 드럭 스토어 상품
- 동전파스 : 동전크기의 파스로 화한 느낌에 비해 피부 자극이 적다.
- 아이봉 : 안구세정제
- 휴족타임 : 발에 붙이는 파스로 피로감을 풀어준다.
- 슬림워크 : 수면 스타킹으로 다리 붓기 완화에 좋다.
- 프리티아 : 머리 염색약(버블타입으로 머리 감는 것처럼 염색한다)
- 카베진 : 양배추 성분의 위장약
- 퍼펙트 휩 폼 클렌징 : 일본 유명 화장품회사의 얼굴세정제

※ 사용자에 따라 구매 만족도가 다르니 국내에서 구입해 사용해 보고 쇼핑하면 실패가 없다. 일본에서 구입하면 조금 더 저렴하다.

100엔샵

다이소, 세리아, 캔두는 일본 내 100엔 숍 대표주자이다. 잡화점으로 우리나라에도 입점되어 있어 낯설지 않지만 더욱 다양하고 특이한 제품도 많으니 한 번 들러볼만하다. 기본적으로 100엔이 기본이고 우리나라와 달리 식품도 다양하게 구비되어 있다.

만다라케

일본 만화와 애니메이션 마니아라면 꼭 들러 봐야할 곳이다. 만화 헌책방이지만
애니메이션과 관련된 모든 것과 DVD, CD, 코스프레 의상 및 액세서리, 장난감과
피규어 등을 갖추고 있다. 매장 구석구석 잘 살펴보면 일반 서점에서 절판되어 구
하기 힘든 책을 발견하는 행운도 얻을 수 있고 헌책방이지만 최신작도 갖추고 있
다. 삿포로, 나고야, 시부야, 후쿠오카 등에 있고 한글 홈페이지도 운영 중이다.

쇼핑천국 도쿄

아키하바라

도쿄의 아키하바라는 세계 최대의 전자제품 거리로 이름 높았던 곳으로 지금은
일본산 게임, 애니메이션, 만화의 메카로 일명 '오타쿠 문화'의 발원지가 되었다.
큰길을 따라 늘어선 대형 백화점과 골목을 가득 메운 중고 책방, 코스프레 숍, 메
이드 카페 등을 방문하기 위해 연간 수백만 명의 여행객이 아키하바라를 찾는다.
예전만큼은 아니지만, 여전히 전자제품의 명소로 자리매김하고 있어 컴퓨터 부품,
오디오 관련 부품, 각종 부자재 등은 일본 전역에서 따라올 곳이 없다.

아메요코 시장

도쿄 우에노에 위치하며 남대문과 비
슷한 재래시장으로 일본 서민 생활을
체험할 수 있는 관광명소이다. 일본
에서 가격을 흥정할 수 있는 흔치않
은 곳으로 식품, 의류, 잡화, 보석 등
의 가게들이 업종별로 분포되어 있고
많은 관광객들이 이곳을 찾는다. 시

장의 이점상 먹거리도 다양하고 가격도 저렴하다.

마루이 백화점

체인점인 마루이 백화점은 주로 대도시에 있으며 특히 백화점 건물에는 젊은 사람들 취향인 마마루이시티라고 따로 있어 쇼핑하기 좋으며 스카프와 스타킹, 편하게 입을 수 있는 옷 등을 저렴한 가격에 팔고 있어서 선물하기에 적당하다.

지유가오카

도큐도요코선 지유가오카역 남쪽 출구로 나가면 '자유의 언덕'이라는 뜻을 가진 지유가오카를 만날 수 있다. 최근 가장 각광받는 쇼핑가로 고급 주택가와 상점이 즐비하고 아기자기하고 예쁜 주택과 달콤한 디저트를 판매하는 세련된 카페를 많이 찾아볼 수 있다. 러블리한 소품숍, 가구, 패브릭, 옷 등을 판매하는 숍들이 한적한 분위기와 어우러져 산책하듯이 편안한 마음으로 쇼핑하기에 좋다.

시모키타자와

도쿄에 위치한 시모키타자와는 주로 구제상품을 판매하기 때문에 빈티지한 멋을 한껏 느낄 수 있다. 우리의 홍대 이미지와 비슷하고 아담한 동네지만 골목마다 예쁜 카페와 소품 숍이 있다. 시모키타자와역을 중심으로 남쪽 출구는 잡화와 음식점이, 북쪽 출구에는 카페와 의류점이 모여있다. '안젤리카'는 카레빵과 미소빵이 유명한데 명성에 비해 규모는 작지만 TV와 잡지에 여러 번 소개되었으니 시도해 볼 만하다.

다이캉야마

새롭게 떠오르는 도쿄의 쇼핑 명소다. 우리나라의 압구정동 같은 분위기로 브랜드 숍이나 감각적인 물건을 파는 상점이 많다. 고급 주택 사이로 독특한 점포가 많이 있어 구경하는 것만으로도 재미있다. 도쿄에서 가장 트렌디하고 감각 있는 의류와 액세서리 등이 가득해 일본의 멋쟁이 여성이 주로 찾는다. 다이캉야마 플레이스는 다이캉야마를 대표하는 복합 쇼핑몰로 유럽 분위기가 물씬 풍기고 가운데 뜰을 에워싸듯이 레스토랑, 잡화점, 부티크가 입점해 있다.

진정한 상업도시 오사카

덴덴타운

오사카에 위치한 덴덴타운은 니혼바
시 상점가로도 불린다. 아키하바라
에 버금가는 가전 쇼핑 거리로 최신
게임기를 비롯하여 MD, CD, 오디오
같은 음향기기와 DVD, 비디오 같은
영상기 숍들이 잔뜩 몰려 있고 애니
메이션과 관련된 모든 것과 피규어,
캐릭터 상품, 프라모델도 구입할 수 있다.

신사이바시

신사이바시에서 난바까지 이어진 아케이드거리는 의류, 액세서리, 음식점 등 다
양한 상점이 즐비해 오사카 최고의 쇼핑 거리이다. 서쪽으로는 명품샵과 유럽풍
의 고급레스토랑, 카페들이 밀집되어 있는 유럽무라가 있고 동쪽에는 힙합 캐주얼
숍과 클럽 등이 모여있는 빈티지한 매력의 아메리카무라가 있다.

린쿠 프리미엄 아울렛

간사이공항에서 셔틀버스로 20분 거리에 위치해 있다. 세계적인 브랜드에서 스
포츠 브랜드까지 다양하게 구비되어 있으며 곳곳에 쉴 공간도 많이 마련되어 있
다. 외국인 여행자만을 위해 발행되는 온라인 쿠폰 바우처를 프린트하여 인포메
이션센터에 가면 스페셜 쿠폰북을 준다.

미리 알고 가면 유용한 일단어

地域(ちいき) 치이키 지역

免税(めんぜい) 멘제이 면세

食料品店(しょくりょうひんてん) 쇼쿠료-힌텐 식료품점

~を探(さが)**す** ~오사가스 ~를 찾다

便利(べんり) 벵리 편리

割引販売(わりびきはんばい) 와리비키 함바이 할인판매

触(さわ)**る** 사와루 만지다

ブラウス 부라우스 블라우스

運動靴(うんどうぐつ) 운도-구츠 운동화

妻(つま) 츠마 부인

楽(らく)**な** 라쿠나 편한

綿(めん) 멩 면

提案(ていあん)**する** 테-안수루 제안하다

もっと良(い)**い** 못토이- 더 나은

品質(ひんしつ) 힝시츠 품질

미리 알고 가면 유용한 일단어

華麗(かれい)だ 카레이다　화려하다

地味(じみ)だ 지미다　수수하다

スタイル 수타이루　스타일

デザイン 데자잉　디자인

類似(るいじ)する 루이지수루　유사하다

計(はか)る 하카루　재다

もっと大(おお)きい 못토 오-키이　더 큰

フロアー 후로와　층

衣類(いるい) 이루이　의류

淑女(しゅくじょ) 슈쿠죠　숙녀

作(つく)られる 츠쿠라레루　~에서 만들어지다

絹(きぬ) 키누　비단

手作(てづく)り 테즈쿠리　수제품

PART 07

초대&통신 招待&通信

∴ 단어 바꿔가면서 다양한 대표 회화 익히기

( )는 어디에서 삽니까?
　　　　　はどこで買えますか。

切手(きって)	封筒(ふうとう)	葉書(はがき)	花(はな)
킷테 우표	후-토- 봉투	하가키 엽서	하나 꽃

( )를 부탁합니다.
　　　　　をお願いします。

木村さん(きむらさん)	国際電話(こくさいでんわ)	メッセージ	両替(りょうがえ)
키무라상 키무라상	코쿠사이뎅와 국제전화	멧세-지 메시지	료-가에 환전

( )은 어디에 있나요?
　　　　　はどこですか。

郵逓局(ゆうびんきょく)	銀行(ぎんこう)	公衆電話(こうしゅうでんわ)	両替所(りょうがえしょ)
유-빙쿄쿠 우체국	깅코- 은행	코-슈뎅와 공중전화	료-가에쇼 환전소

231

UNIT 01
초대와 방문

함께 점심 식사나 하시겠어요?

一緒にお昼でもいかがですか。
いっしょ　　　　ひる

잇쇼니 오히루데모 이카가데스까?

오늘 밤에 저와 저녁식사하시겠어요?

今晩、私と夕食でもいかがですか。
こんばん　わたし　ゆうしょく

콤방, 와타시토 유-쇼쿠데모 이카가데스까?

한 잔 하실래요?

一杯、いかがですか。
いっぱい

입파이, 이카가데스까?

제가 대접하겠습니다.

私がおごります。
わたし

와타시가 오고리마스

232

당신이 와 주셨으면 합니다.

あなたに来てほしいです。

아나타니 키테 호시이데스

몇 시가 좋을까요?

何時がよろしいでしょうか。

난지가 요로시-데쇼-까?

어느 때라도 좋아요.

いつでもいいですよ。

이츠데모 이-데스요

고맙습니다. 기꺼이 그러죠.

ありがとう。喜んで。

아리가토-. 요로콘데

죄송하지만, 선약이 있습니다.

すみませんが、先約があります。

스미마셍가, 셍야쿠가 아리마스

가고 싶지만, 시간이 없습니다.

行きたいですが、時間がありません。

이키타이데스가, 지캉가 아리마셍

와 주셔서 감사합니다.

来ていただいてありがとうございます。

키테 이타다이테 아리가토- 고자이마스

요리를 잘 하시는군요!

料理がお上手なんですね!

료-리가 오죠-즈난데스네!

이만 가보겠습니다.

そろそろ失礼します。

소로소로 시츠레- 시마스

UNIT 02
전화 걸고 받기

이 전화로 한국에 걸 수 있나요?

この電話で韓国にかけられますか。

코노 뎅와데 캉코쿠니 카케라레마스까?

한국으로 전화하려면 어떻게 하면 됩니까?

韓国に電話するにはどうしたらいいですか。

캉쿠쿠니 뎅와스루니와 도-시타라 이-데스까?

한국으로 콜렉트콜을 걸고 싶은데요.

韓国にコレクトコールでかけたいのですが。

캉코쿠니 코레쿠토코-루데 카케타이노데스가

오사카의 지역 번호는 몇 번입니까?

大阪の市外局番は何番ですか。

오-사카노 시가이쿄쿠방와 남반데스까?

235

한국으로 국제전화를 부탁합니다.

韓国に国際電話をお願いします。

캉코쿠니 코쿠사이뎅와오 오네가이시마스

내선 6번으로 돌려주세요.

内線6に回してください。

나이센 로쿠니 마와시테 쿠다사이

기무라 씨를 부탁합니다.

木村さんをお願いします。

키무라상오 오네가이시마스

여보세요, 기무라 씨입니까?

もしもし、木村さんですか。

모시모시, 키무라상데스까?

여보세요, 요시다 씨 댁입니까?

もしもし、吉田さんのお宅ですか。

모시모시, 요시다상노 오타쿠데스까?

나중에 다시 한 번 걸게요.

あとでもう一度かけなおします。

아토데 모- 이치도 카케나오시마스

누구십니까?

どなたでしょうか。

도나타데쇼-까?

바로 기무라 씨를 바꿔드리겠습니다.

ただいま木村さんと代わります。

타다이마 키무라상토 카와리마스

잠시 기다려 주시겠습니까?

このままお待ちになりますか。

코노마마 오마치니나리마스까?

돌아오면 전화하도록 말할까요?

帰ったら電話するように言いましょうか。

카엣타라 뎅와스루요-니 이-마쇼-까?

237

잠깐 자리를 비웠습니다.

ちょっと席をはずしております。

춋토 세키오 하즈시테 오리마스

전언을 부탁할 수 있습니까?

伝言をお願いできますか。

뎅공오 오네가이 데키마스까?

좀 더 천천히 말씀해 주십시오.

もっとゆっくり話してください。

못토 육쿠리 하나시테 쿠다사이

몇 번에 거셨습니까?

何番へおかけですか。

남방에 오카케데스까?

실례했습니다. 끊어져 버렸습니다.

失礼しました。切れてしまいました。

시츠레-시마시타. 키레테 시마이마시타

238

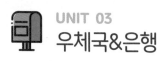

이걸 한국으로 보내려면 얼마나 듭니까?

これを韓国に送るにはいくらかかりますか。

코레오 캉코쿠니 오쿠루니와 이쿠라 카카리마스까?

우표는 어디서 삽니까?

切手はどこで買えますか。

킷테와 도코데 카에마스까?

우체통은 어디에 있나요?

ポストはどこにありますか。

포스토와 도코니 아리마스까?

이걸 한국으로 부치고 싶습니다.

これを韓国に出したいのです。

코레오 캉코쿠니 다시타이노데스

239

속달(등기)로 부내 주세요.

速達(書留)にしてください。

소쿠타츠(카키토메)니 시테 쿠다사이

한국에는 언제쯤 도착합니까?

韓国にはいつごろ着きますか。

캉코쿠니와 이츠고로 츠키마스까?

항공편(선편)으로 부탁합니다.

航空便(船便)でお願いします。

코-쿠-빙(후나빙)데 오네가이시마스

내용물은 무엇입니까?

中身は何ですか。

나카미와 난데스까?

깨지기 쉬운 것이 들어 있습니다.

割れ物が入っています。

와레모노가 하잇테 이마스

환전 창구는 어디인가요?

両替の窓口はどちらですか。

료-가에노 마도구치와 도치라데스까?

환전해 주시겠어요?

両替してもらえますか。

료-가에시테 모라에마스까?

1만엔을 바꿔 주시겠어요?

1万円をくずしてもらえますか。

이치망엥오 쿠즈시테 모라에마스까?

오늘 환율은 얼마입니까?

今日の交換レートはいくらですか。

쿄-노 코-캉 레-토와 이쿠라데스까?

현금자동인출기는 어디에 있습니까?

現金自動支払機はどこにありますか。

겡킹 지도-시하라이키와 도코니 아리마스까?

일본에서 집 방문과 술 문화 에티켓

초대받아 방문할 때

일본인은 개인주의 성향이 강해 자신의 집으로 손님을 잘 초대하지 않는다. 사전에 약속 없이 남의 집을 방문하는 것을 사생활 침해로 생각하므로 사전에 전화로 승낙을 받은 후 정해진 시간에 방문하며 오랜 시간 머무는 것을 삼간다.

• 작은 선물을 준비하되 너무 비싼 것은 피하고 포장은 흰색으로 하지 않는다.

• 신발을 벗어 놓은 후에 가지런히 정리한다.

• 화장실 이용 후 꼭 변기 뚜껑을 닫아둔다. 변기 뚜껑을 열어놓으면 복이 나간다는 의미가 있으므로 공중 화장실이 아닌 이상 뚜껑을 닫는다.

• 식사의 경우 먹으면서 이야기하지 않는다.

※ 위계질서가 철저한 일본 사회의 특성상 호칭에도 특히 주의를 기울여야 한다. 이름이나 성 뒤에 '~상'을 붙이거나 좀 더 가벼운 표현의 '~짱'이 있는데 성만 부르는 것이 당연한 관습으로 초면에 상대방의 이름을 부르는 것은 예의에 어긋나는 행동이므로 주의한다.

일본 술 문화

연장자에게 한 손으로 술을 따르거나 한 손으로 술을 받아도 실례가 되지 않으며 옆으로 몸을 돌려 마시지 않아도 된다.

- 술이 남아 있을 때 술을 더 따르는 첨잔 문화는 우리에게는 없지만 일본에서는 미덕으로 이야기에 열중하여 상대방의 잔을 빈 채로 오랫동안 놔두면 눈치 없는 사람으로 생각된다.
- 잔을 돌려 마시지 않고 술을 권하지 않는다. 상대방이 자기 손으로 잔을 가려 덮거나 술잔이 가득 찬 상태로 그냥 두고 있을 때는 더는 못 마신다는 의사표시가 된다.
- 미리 '9시부터 다른 약속이 있다'라고 말해두면 그 이상의 시간을 강요하지 않는다.

일본에서 전화하기와 우체국에서 우편물 부치기

로밍

로밍은 편리하지만, 이용 요금이 비싼 단점이 있다. 스마트폰은 자동으로 로밍이 되기 때문에 출국 시 전원을 끄거나 공항에 마련된 이동통신사의 로밍센터에서 데이터 로밍 차단 서비스를 신청하면 데이터 요금이 발

생하지 않는다. 인터넷을 사용하지 않아도 애플리케이션 업데이트 등으로 요금이 부과될 수 있으니 꼭 데이터 차단 서비스를 신청한다. 상당량의 데이터를 이용할 계획이라면 무제한 데이터 로밍 요금제에 가입하여 요금 부담을 줄인다. 다양한 서비스와 이벤트가 있으니 로밍센터에서 자신에게 맞는 것으로 선택한다.

해외 유심

해외 유심은 현지 통신사의 선불 유심을 내 휴대전화에 넣어서 사용하는 서비스로 필요한 데이터만 경제적으로 쓰고 싶은 사람에게 적합하다. 사전에 내가 필요한 데이터, 일정에 맞는 유심을 구매하고 여행지에 도착하여 원래 핸드폰에 있던 유심과 교체해 주면 된다.

포켓 와이파이

포켓 와이파이란, 현지 통신사의 네트워크 신호를 Wi-Fi 신호로 변경해 주는 데이터로밍 서비스다. 단말기 소지와 충전의 번거로움이 있지만, 여러 명이 함께 쓸 수 있고 내 번호 그대로 전화와 문자 수신, 발신이 가능하다는 장점이 있다.

우체국에서 우편물 부치기

일본 우체국은 민간 기업이라 지점마다 운영시간도 다르고 24시간 운영하는 곳도 있는 등 차별화되어있다. EMS가 빠르고(3일) 안전한 반면 비싼 것이 단점이고 항공편은 EMS보다 저렴하고 배송일은 8일이다. 이코노미 항공편은 2~3주 소요되며 배편은 한국까지 90일 정도를 예상하지만 보통 모든 우편이 소요일보다 일찍 도착한다. 일본 우체국에는 방문 서비스가 있으니 가까운 우체국에 전화하여 예약하면 무거운 소포는 쉽게 해결할 수 있다. 송장 적는 방법은 우리나라 송장과 거의 비슷하고 영어로 표기 되어있어 누구나 쉽게 작성할 수 있고 송장은 영어나 일본어로 적는다.

미리 알고 가면 유용한 일단어

公衆電話(こうしゅうでんわ) 코-슈-뎅와 공중전화

長距離(ちょうきょり) 쵸-쿄리 장거리

入(い)れる 이레루 넣다

コレクトコール 코레쿠토코-루 수신자 부담전화

地域番号(ちいきばんごう) 치이키방고- 지역번호

内線(ないせん) 나이셍 내선

掛(か)け直(なお)す 카케나오수 다시 걸다

接触(せっしょく)する 셋쇼쿠수루 접촉하다

繋(つな)ぐ 츠나구 연결하다

部署(ぶしょ) 부쇼 부서

もっとゆっくり 못토 윳쿠리 더 느리게

郵便箱(ゆうびんばこ) 유-빔바코 우체통

閉(し)める 시메루 닫다

小包(こづつみ) 코즈츠미 소포

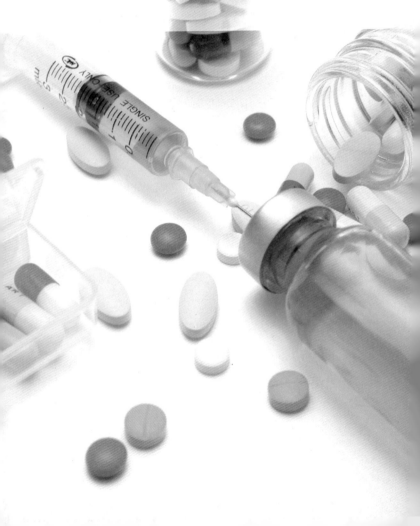

PART 08

트러블 _{トラブル}

∴ 단어를 바꿔가면서 다양한 대표 회화 익히기

( )를 할 줄 아십니까?

_____ができますか。

英語(えいご)
에이고 영어

日本語(にほんご)
니혼고 일본어

韓国語(かんこくご)
캉코쿠고 한국어

ドイツ語(ご)
도이츠고 독일어

( )를(을) 잃어버렸습니다.

_____をなくしてしまいました。

電話(でんわ)
뎅와 휴대폰

鞄(かばん)
카방 가방

パスポート
파스포-토 여권

財布(さいふ)
사이후 지갑

( )가 어디에 있습니까?

_____はどこにありますか。

警察署(けいさつしょ)
케이사츠쇼 경찰서

薬局(やっきょく)
얏쿄쿠 약국

病院(びょういん)
뵤-잉 병원

大使館(たいしかん)
타이시칸 대사관

247

UNIT 01
일본어가 서투를 때

일본어를 할 줄 압니까?

日本語は話せますか。
にほんご　はな

니홍고와 하나세마스까?

영어를 하는 사람은 있습니까?

英語を話せる人はいますか。
えいご　はな　ひと

에-고오 하나세루 히토와 이마스까?

한국어를 하는 사람은 있습니까?

韓国語の話せる人はいますか。
かんこくご　はな　ひと

캉코쿠고노 하나세루 히토와 이마스까?

일본어는 잘하지 못합니다.

日本語は上手はありませ。
にほんご　じょうず

니홍고와 죠-즈와 아리마세

통역을 부탁하고 싶은데요.

通訳をお願いしたいのですが。

츠-야쿠오 오네가이 시타이노데스가

한국어로 쓰인 것은 있습니까?

韓国語で書かれたものはありますか。

캉코쿠고데 카카레타 모노와 아리마스까?

좀 더 천천히 말씀해 주세요.

もっとゆっくり話してください。

못토 육쿠리 하나시테 쿠다사이

당신이 말하는 것을 모르겠습니다.

あなたの言っていることがわかりません。

아나타노 잇테이루 코토가 와카리마셍

UNIT 02
위급상황 대처하기

문제가 생겼습니다.

<ruby>困<rt>こま</rt></ruby>っています。

코맛테 이마스

지금 무척 난처합니다.

<ruby>今<rt>いま</rt></ruby><ruby>大変<rt>たいへん</rt></ruby><ruby>困<rt>こま</rt></ruby>っているんです。

이마 타이헹 코맛테 이룬데스

무슨 좋은 방법은 없을까요?

<ruby>何<rt>なに</rt></ruby>か、いい<ruby>方法<rt>ほうほう</rt></ruby>はないですか。

나니카 이- 호-호-와 나이데스까?

어떻게 하면 좋을까요?

どうしたらいいでしょうか。

도- 시타라 이-데쇼-까?

250

화장실은 어디죠?

トイレはどこですか。

토이레와 도코데스까?

무엇을 원하세요?

何が欲しいんですか。

나니가 호시인데스까?

알겠습니다. 다치게만 하지 마세요.

わかりました。怪我はさせないでください。

와카리마시타. 케가와 사세나이데 쿠다사이

시키는 대로 할게요.

言うとおりにします。

이우 토-리니 시마스

가진 돈이 없어요!

お金は持っていません!

오카네와 못테 이마셍!

잠깐! 뭘 하는 겁니까?

ちょっと。何するんですか。

촛토! 나니 스룬데스까?

만지지 말아요!

触らないで!

사와라나이데!

경찰을 부르겠다!

警察を呼ぶぞ!

케-사츠오 요부조!

도와줘요!

助けて!

타스케테!

UNIT 03
물건 도난 시 대처하기

분실물 취급소는 어디에 있습니까?

ふんしつぶつ とりあつか しょ
紛失物取扱い所はどこですか。

훈시츠부츠 토리아츠카이쇼와 도코데스까?

여기서 카메라 못 보셨어요?

み
ここでカメラを見ませんでしたか。

코코데 카메라오 미마센데시타까?

여권을 잃어버렸습니다.

パスポートをなくしました。

파스포-토오 나쿠시마시타

열차에 지갑을 두고 내렸습니다.

れっしゃ さい ふ わす
列車に財布を忘れました。

렛샤니 사이후오 와스레마시타

어디서 잃어버렸는지 기억이 안 납니다.

どこでなくしたか覚えていません。

도코데 나쿠시타카 오보에테 이마셍

지갑을 도둑맞았어요!

財布を盗まれました!

사이후오 누스마레마시타!

지갑을 소매치기 당했어요!

財布をすられました!

사이후오 스라레마시타!

경찰서는 어디에 있습니까?

警察署はどこですか。

케-사츠쇼와 도코데스까?

경찰에 신고해 주시겠어요?

警察に届けてもらえますか。

케-사츠니 토도케테 모라에마스까?

누구에게 알리면 됩니까?

誰に知らせればいいですか。

다레니 시라세레바 이-데스까?

유실물 담당은 어디입니까?

遺失物係はどこですか。

이시츠부츠 가카리와 도코데스까

경찰에 도난 신고서를 내고 싶은데요.

警察に盗難届をしたいのですが。

케-사츠니 토-난토도케오 시타이노데스가

찾으면 한국으로 보내주시겠어요?

見つかったら韓国に送ってくれませんか。

미츠캇타라 캉코쿠니 오쿳테 쿠레마셍까?

찾으면 연락하겠습니다.

見つかったら連絡します。

미츠캇타라 렝라쿠 시마스

교통사고 시 대처하기

교통사고를 당했습니다.

こう つう じ こ
交通事故にあいました。

코-츠-지코니 아이마시타

큰일 났습니다.

たいへん
大変です。

타이헨데스

저를 병원으로 데려가 주세요.

わたし びょういん つ い
私を病院に連れて行ってください。

와타시오 뵤-잉니 츠레테 잇테 쿠다사이

구급차를 불러 주세요.

きゅうきゅうしゃ よ
救急車を呼んでください。

큐-큐-샤오 욘데 쿠다사이

다친 사람이 있습니다.

怪我人がいます。

케가닝가 이마스

사고를 냈습니다.

事故を起こしました。

지코오 오코시마시타

보험을 들었습니까?

保険に入っていますか。

호켕니 하잇테 이마스까?

속도위반입니다.

スピード違反です。

스피-도 이한데스

렌터카 회사로 연락해 주세요.

レンタカー会社に連絡してください。

렌타카-가이샤니 렝라쿠시테 쿠다사이

사고증명서를 써 주시겠어요?

事故証明書を書いてもらえますか。

지코쇼-메이쇼오 카이테 모라에마스까?

도로표지판의 뜻을 몰랐습니다.

道路標識の意味がわかりませんでした。

도-로효-시키노 이미가 와카리마센데시타

제 책임이 아닙니다.

私に責任はありません。

와타시니 세키닝와 아리마셍

상황이 잘 기억나지 않습니다.

状況はよく覚えていません。

죠-쿄-와 요쿠 오보에테 이마셍

258

신호를 무시했습니다.

信号無視をしてしまいました。

싱고-무시오 시테 시마이마시타

저야말로 피해자입니다.

私こそ被害者です。

와타시코소 히가이샤데스

의사를 불러 주세요.

医者を呼んでください。

이샤오 욘데 쿠다사이

진찰을 받고 싶은데요.

診察を受けたいのですが。

신사츠오 우케타이노 데스가

병원으로 데리고 가 주시겠어요?

病院まで連れて行ってください。

뵤-잉마데 츠레테 잇테 쿠다사이?

UNIT 05
병원에서 진료받기

한국어 하시는 의사는 있나요?

韓国語の話せる先生はいますか。
かんこく ご　　 はな　　　 せんせい

캉코쿠고노 하나세루 셍세이와 이마스까?

아이 상태가 이상합니다.

子供の様子が変なんです。
こ ども　 ようす　 へん

코도모노 요-스가 헨난데스

몸이 안 좋습니다.

具合が悪いんです。
ぐあい　 わる

구아이가 와루인데스

현기증이 납니다.

目眩がします。
めまい

메마이가 시마스

몸이 나른합니다.

体<ruby>からだ</ruby>がだるいです。

카라다가 다루이데스

설사가 심합니다.

下痢<ruby>げり</ruby>がひどいです。

게리가 히도이데스

식욕이 없습니다.

食欲<ruby>しょくよく</ruby>がないんです。

쇼쿠요쿠가 나인데스

감기에 걸렸습니다.

風邪<ruby>かぜ</ruby>を引<ruby>ひ</ruby>きました。

카제오 히키마시타

261

열이 있습니다.

熱^{ねつ}があります。

네츠가 아리마스

여기가 아픕니다.

ここが痛^{いた}いです。

코코가 이타이데스

잠이 오지 않습니다.

眠^{ねむ}れないのです。

네무레나이노데스

기침이 납니다.

せきが出^でます。

세키가 데마스

헛구역질이 납니다.

吐^はき気^けがします。

하키케가 시마스

다쳤습니다.

怪我_{けが}をしました。

케가오 시마시타

진단서를 써 주세요.

診断書_{しんだんしょ}を書_かいてください。

신단쇼오 카이테 쿠다사이

며칠 정도 안정이 필요합니까?

何日_{なんにち}ぐらい安静_{あんせい}が必要_{ひつよう}ですか。

난니치 구라이 안세-가 히츠요-데스까?

처방전 약을 주세요.

この処方箋_{しょほうせん}の薬_{くすり}をください。

코노 쇼호-센노 쿠스리오 쿠다사이

이 약은 어떻게 먹습니까?

この薬_{くすり}はどう飲_のむのですか。

코노 쿠스리와 도- 노무노데스까?

263

떠나기 전 여행자 보험은 필수

여행자 보험에 가입하기

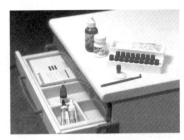

여행자 보험은 해외여행 시 일어나는 사망, 사고, 질병, 항공기 납치 등에 관한 보험으로 비용부담이 크지 않으니 꼭 가입한다. 여행사 패키지는 대부분 상품에 포함되어 있고 환전 시 은행에서 무료로 가입도 해 준다. 인터넷에서도 여러 여행사 비교 사이트가 있으니 가격 및 조건을 비교해보고 가입하도록 하자. 중요한 것은 보험 약관을 꼼꼼히 읽어보고 나에게 맞는 것을 선택한다.

해외에서 다치거나 도난, 파손을 입었을 때의 보험처리

해외에서 다치거나 질병에 걸려 현지 의료기관에서 치료를 받는다면 의료비를 보상한다. 단, 현지 의료기관에서 치료를 받으면 진단서, 영수증 등 치료를 증빙할 수 있는 자료를 챙겨야 한다.

또한, 휴대품 파손에 대해 보상받은 여행자 보험에 가입했다면 휴대품 파손으로 발생한 손해를 보상받을 수 있다. 다만 휴대품 손해의 범위에 통화, 유가증권, 신용카드, 항공권 등은 해당되지 않는다. 또 본인의 과실, 부주의 등의 단순 분실에 따른 손해는 보상되지 않으므로 가입 때 유의해야 한다. 추후 보험사에 도난 사실을 서면으로 증명해야 하므로 도난 상황을 잘 기억해야 하며, 경찰서에서 폴리스 리스트 작성도 도움이 된다.

외교부 해외안전여행 Tip

외교부 해외안전여행에서 제공하는 위기 상황별 대체 매뉴얼을 살펴보자. 일단 영사콜센터는 24시간 연중무휴 이용 가능하니 미리 챙겨두면 좋다.

- 영사콜센터 : 24시간 연중무휴
- 국내 : 02-3210-0404
- 해외 : +82-2-3210-0404

해외에서 실시간 대처를 위해 외교부 '해외안전여행 애플리케이션'을 다운해 두어도 든든하다.

※ 소매치기 발생 시
재외공관에서 사건 관할 경찰서의 연락처와 신고방법 및 유의사항을 안내받는다.
의사소통의 문제로 어려움을 겪을 경우, 통역 선임을 위한 정보를 받는다.

※ 여권 분실 발견 즉시
가까운 현지 경찰서를 찾아가 여권 분실 증명서를 발급받는다.
신분증(주민등록증, 여권사본 등), 경찰서 발행 여권분실증명서 원본, 여권용 컬러사진 2매, 수수료 등을 지참 재외공관 방문하여 여권발급신청서(재외공관용), 여권 분실신고서 등을 작성한 후 여권 담당자에게 제출.

※ 여권 분실의 경우에 대비

여행 전 여권을 복사해두거나, 여권번호, 발행 연월일, 여행지 우리 공관 주소 및 연락처 등을 메모해 둔다. 단, 여권을 분실했을 경우 해당 여권이 위·변조되어 범죄에 악용될 수 있다는 점에 유의 바란다.

현금 분실

여행경비를 분실·도난당한 경우 신속 해외 송금지원제도를 이용한다.(재외공간 영사콜센터 문의)

수하물 분실

공항에서 짐을 잃어버린 경우는 화물인수증(Claim tag)을 해당 항공사 직원에게 제시하고, 분실 신고서를 작성한다. 짐을 찾을 수 없게 되면 항공사에서 책임을 지고 배상한다. 현지에서 여행 중에 물품을 분실한 경우, 현지 경찰서에 잃어버린 물건에 대해 신고를 하고, 해외여행자 보험에 가입한 경우 현지 경찰서로부터 도난신고서를 발급받은 뒤, 귀국 후 해당 보험회사에 청구한다.

분실 · 도난 예방 Tip

• 여권이나 귀중품은 호텔 프런트에 맡기거나 객실 내 금고 또는 세이프박스에 보관한다. 그날 사용할 만큼의 현금만 들고 다니도록 하자.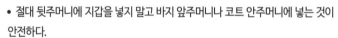

• 현금은 지갑과 가방, 호주머니에 나누어 지닌다.

• 식당에서는 가방을 의자에 걸어두지 말고 본인 무릎 위에 두는 것이 안전하다.

• 절대 뒷주머니에 지갑을 넣지 말고 바지 앞주머니나 코트 안주머니에 넣는 것이 안전하다.

• 가방을 가지고 걸을 때는 어깨로부터 가슴에 가로질러 X자로 맨다.

• 사람이 많은 기차나 버스에서는 가방이나 지갑을 잃어버리지 않게 조심한다.

• 모르는 사람이 시간이나 길을 묻는 등 말을 걸어올 때는 조심한다.

• 호텔 프런트에서 체크인 및 체크아웃 시 수하물은 반드시 시선이 닿는 곳에 놓거나 일행이 있는 경우 한 사람은 지키도록 한다.

위급상황 Tip

• 길을 잃었거나 물건을 분실 했을 경우
곤란한 상황이 벌어지면 먼저 KOBAN(파출소)을 찾는다. 역 주변 사람이 많은 곳에 있으며 경찰관이 24시간 상주하고 있다.

- 지진이 일어났을 경우

밖으로 나가지 말고 책상 밑으로 대피하고 흔들림이 멈추기를 기다린다.

- 주일본 대한민국 대사관

주소 : 106-0047 도쿄 도 미나토 구 미나미아자부 1-2-5(東京都港区南麻布 1-2-5)

전화번호 : +81-3-3452-7611/9

긴급전화(24시간) : +81-70-2153-5454

- 유용한 전화번호

경찰서 110, 화재 및 긴급부상 119, 해상 사건 · 사고 118, 전화번호 안내 104

병원 이용 시

의사를 불러야 하는 응급조치가 필요할 때에는 가장 먼저 호텔 프런트에 연락하자. 도쿄 시내에는 외국인을 위한 외국어 서비스를 시행하고 있는 의료기관이 있다.

일본의 의료 체재는 우리나라와 많이 비슷해서 의료기관 이용 순서가 '접수 - 문진표 기입 - 의사의 진찰 및 처방전 수령 - 수납 - 약국에서 약을 수령'하는 것으로 진행된다. 의사의 진찰 후에는 진료 결과에 대한 설명을 확실히 듣는 것이 좋다.

- 도쿄보건의료정보센터 : 3-5285-8181
- 국제의료정보센터 : 3-5282-8088
- 소방전화서비스(의료기관안내) : 3-3212-2323

미리 알고 가면 유용한 일단어

通訳士(つうやくし) 츠-야쿠시 통역사

理解(りかい)する 리카이수루 이해하다

意味(いみ)する 이미수루 의미하다

問題(もんだい) 몬다이 문제

厄介者(やっかいもの) 얏카이모노 골칫거리

怪我(けが)をさせる 케가오사세루 다치게 하다

警察署(けいさつしょ) 케이사츠쇼 경찰서

事故(じこ) 지코 사고

救急車(きゅうきゅうしゃ) 큐-큐-샤 구급차

負傷(ふしょう)をする 후쇼-오수루 부상을 입다

病院(びょういん) 뵤-잉 병원

保険(ほけん)に入(はい)る 호켕니 하이루 보험을 들다

会社(かいしゃ) 카이샤 회사

被害者(ひがいしゃ) 히가이샤 피해자

∴ 단어 바꿔가면서 다양한 대표 회화 익히기

(   ) 비행기로 변경하고 싶습니다.

の飛行機に変更したいです。

- 今日(きょう) 쿄- 오늘
- 午前(ごぜん) 고젠 오전
- 明後日(あさって) 아삿테 모레
- 昼(ひる) 히루 낮
- 明日(あした) 아시타 내일
- 午後(ごご) 고고 오후
- 夜(よる) 요로 밤
- 早(はや)い 하야이 빠른, 이른

(   ) 번 게이트는 어느 쪽입니까?

番ゲートはどちらでしょうか。

- 一(いち) 이치 1
- 三(さん) 상 3
- 五(ご) 고 5
- 七(なな) 시치 7
- 二(に) 니 2
- 四(し) 시 4
- 六(ろく) 로쿠 6
- 八(はち) 하치 8

(   ) 공항까지 가 주세요.

空港までお願いします。

- 関西(かんさい) 간사이
- 福岡(ふくおか) 후쿠오카
- 成田(なりた) 나리타
- 長崎(ながさき) 나가사키
- 羽田(はねだ) 하네다
- 広島(ひろしま) 히로시마

UNIT 01
항공편 예약&확인하기

인천행을 예약하고 싶은데요.

インチョン行きを予約したいのですが。

인천 유키오 요야쿠시타이노데스가

내일 비행기는 예약이 됩니까?

明日の便の予約はできますか。

아시타노 빈노 요야쿠와 데키마스까?

가능한 한 빠른 편이 좋겠어요.

できるだけ早い便の方がいいですね。

데키루다케 하야이 빈노 호-가 이-데스네

다른 비행기는 없습니까?

別の便はありますか。

베츠노 빙와 아리마스까?

272

예약을 재확인하고 싶은데요.

予約を再確認したいのですが。

요야쿠오 사이카쿠닌시타이노데스가

편명과 출발 시간을 알려 주십시오.

便名と出発の時間を教えてください。

빔메-토 ▨슛파츠노 지캉오 오시에테 쿠다사이

성함과 편명을 말씀하십시오.

お名前と便名をどうぞ。

오나마에토 빔메-오 도-조

무슨 편 몇 시 출발입니까?

何便で何時発ですか。

나니빈데 난지하츠데스까?

273

몇 시까지 탑승수속을 하면 됩니까?

何時までに搭乗手続きをすればいいですか。

난지마데니 토-죠-테츠즈키오 스레바 이-데스까?

저는 분명히 예약했습니다.

私は確かに予約しました。

와타시와 타시카니 요야쿠시마시타

한국에서 예약했는데요.

韓国で予約したのですが。

캉코쿠데 요야쿠시타노데스가

비행편을 변경할 수 있습니까?

便の変便をお願いできますか。

빈노 헹코-오 오네가이 데키마스까?

10월 9일로 변경하고 싶습니다.

10月9日に変更したいのです。

쥬-가츠 코코노카니 헹코-시타이노데스

오후 비행기로 변경하고 싶습니다.

午後の飛行機に変更したいです。

고고노 히코-키니 헹코- 시타이데스

예약을 취소하고 싶은데요.

予約を取り消したいのですが。

요야쿠오 토리케시타이노데스가

다른 항공사 비행기를 알아봐 주세요.

他の航空社の便を調べてください。

호카노 코-쿠-샤노 빙오 시라베테 쿠다사이

예약 대기로 부탁할 수 있습니까?

予約待ちでお願いできますか。

⊠요야쿠마치데 오네가이데키마스카?

미안합니다. 그 편은 다 찼습니다.

すみません。その便は満席です。

스미마센 소노 빙와 만세키데스

나리타 공항까지 가 주세요.

成田空港までお願いします。
なりた くうこう ねが

나리타 쿠-코-마데 오네가이 시마스

빨리 가 주세요. 늦었어요.

急いでください。遅れているんです。
いそ おく

이소이데 쿠다사이. 오쿠레테 이룬데스

아직 시간이 있으니까 천천히 가 주세요.

まだ、時間があるからゆっくりでもいいですよ。
じ かん

마다, 지캉가 아루카라 육쿠리데모 이-데스요

공항까지 어느 정도 시간이 걸립니까?

空港までどのくらい時間がかかりますか。
くうこう じ かん

쿠-코-마데 도노쿠라이 지캉가 카카리마스까?

기사님, 호텔로 돌아가 주실래요?

運転手さん、ホテルへ戻ってくれませんか。

운텐슈상, 호테루에 모돗테 쿠레마셍까?

중요한 물건을 두고 나왔습니다.

大事な物を置き忘れました。

다이지나 모노오 오키와스레마시타

탑승수속은 어디입니까?

搭乗手続きはどこですか。

토-죠-테츠즈키와 도코데스까?

어느 항공사입니까?

どこの航空会社ですか。

도코노 코-쿠-가이샤데스까?

일본항공 카운터는 어디입니까?

日本航空のカウンターはどこですか。
に ほん こう くう

니홍코-쿠-노 카운타-와 도코데스까?

맡기실 짐은 있으십니까?

お預けになる荷物はありますか。
あず　　　　　　に もつ

오아즈케니나루 니모츠와 아리마스까?

짐은 몇 개입니까?

お荷物は何個ですか。
に もつ　　なん こ

오니모츠와 낭코데스까?

맡길 짐은 없습니다.

預ける荷物はありません。
あず　　　に もつ

아즈케루 니모츠와 아리마셍

규정 중량을 초과했습니다.

規定重量を越えています。
き ていじゅうりょう　　こ

키테이 쥬-료-오 코에테 이마스

이 가방은 기내로 가지고 들어갑니다.

このバッグは機内に持ち込みます。

코노 박구와 키나이니 모치코미마스

(탑승권을 보이며) 게이트는 몇 번입니까?

ゲートは何番ですか。

게-토와 남방데스까?

3번 게이트는 어느 쪽입니까?

3番ゲートはどちらでしょうか。

삼방게-토와 도치라데쇼-까?

인천행 탑승 게이트는 여기입니까?

インチョン行きの搭乗ゲートはここですか。

인천유키노 토-죠-게-토와 코코데스까?

탑승은 시작되었습니까?

搭乗はもう始まりましたか。

토-죠-와 모- 하지마리마시타까?

귀국하기 전 꼭 알아두기

항공권 재확인

출발 72시간 전까지 예약을 재확인 해 둔다. 일정을 변경하고 싶은 경우에도 출국일 72시간 전에 항공사에 연락해 예약을 취소하고 원하는 날짜의 항공권을 예약한다.

출국수속

공항에는 출국 시간 3시간 전에 도착하는 것이 좋다. 출국 신고는 자신이 이용할 항공사 카운터에 항공권과 여권을 제시하고 부칠 짐이 있으면 무게를 단 후에 꼬리표를 받아 잘 보관한다.

세관

현지통화의 반입액 이상의 반출은 금지되어 있다. 입국 시의 소지금 신고와 출국 시의 소지금을 검사하는 경우도 있으므로 주의하는 것이 좋다.

보안검색

주머니를 비운 후 휴대하고 있는 짐을 컨베이어에 올리고 금속 탐지기를 통과한다. 기내에는 날카로운 물건과 액체류, 젤류는 물론 화장품도 100㎖를 초과하면 반입할 수 없다. 만약 보안요원이 가방 검사를 요청하면 순순히 응해야 한다.

탑승구 대기

탑승은 출발 20~30분 전에 시작되므로 출국 수속이 끝나고 탑승권을 받으면 게이트를 미리 알아두고 늦어도 출발 10분 전에 탑승 게이트에 도착해야 한다.

기본 일단어 알아두기

かれ 카레 그

かのじょ 카노죠 그녀

わたし 와타시 나
わたくし 와타쿠시 저
ぼく 보쿠 나
(남자의 자칭-여자는 쓰지 않는다)

わたしたち 와타시타치 우리들
あなたたち 아나타타치 당신들

おまえたち 오마에타치 너희들
あなたがた 아나타가타 여러분들

あなた 아나타 당신
きみ 키미 너, 자네, 그대

だれ 다레 누구
どなた 도나타 어느 분
このひと 코노히토 이 사람
そのひと 소노히토 그 사람
あのひと 아노히토 저 사람

지시대명사 익히기

사물을 가리킬 때

これ 코레 이것, 이
それ 소레 그것, 그
あれ 아레 저것, 저
どれ 도레 어떤 것, 무엇

장소을 가리킬 때

ここ 코코 여기
そこ 소코 거기
あそこ 아소코 저기
どこ 도코 어디, 어느 곳

방향을 가리킬 때

こちら 코치라 이쪽
そちら 소치라 그쪽
あちら 아치라 저쪽, 저기
どちら 도치라 어느 쪽

명사를 수식할 때

この 코노 이
その 소노 그
あの 아노 저
どの 도노 어느

숫자(기수·서수·나이)에 관한 단어 익히기

いち 이치 일
ひとつ 히토츠 한 개, 하나
ひとり 히토리 한 사람
いっさい 잇사이 한 살
いちばん 이치방 첫 번째

に 니 이
ふたつ 후타츠 두 개, 둘
ふたり 후타리 두 사람
にさい 니사이 두 살
にばん 니방 두 번째

さん 상 삼
みっつ 밋츠 세 개, 셋
さんにん 산닌 세 사람
さんさい 산사이 세 살
さんばん 산방 세 번째

し/よん 시/욘 사
よっつ 욧츠 네 개, 넷
よにん 요닌 네 사람
よんさい 욘사이 네 살
よばん 요방 네 번째

ご 고 오
いつつ 이츠츠 다섯 개, 다섯
ごにん 고닌 다섯 사람
ごさい 고사이 다섯 살
ごばん 고방 다섯 번째

ろく 로쿠 육
むっつ 뭇츠 여섯 개, 여섯
ろくにん 로쿠닌 여섯 사람
ろくさい 로쿠사이 여섯 살
ろくばん 로쿠방 여섯 번째

しち/なな 시치/나나 칠
ななつ 나나츠 일곱 개, 일곱
しちにん 시치닌 일곱 사람
ななさい 나나사이 일곱 살
ななばん 나나방 일곱 번째

はち 하치 팔
やっつ 얏츠 여덟 개, 여덟
はちにん 하치닌 여덟 사람
はっさい 핫사이 여덟 살
はちばん 하치방 여덟 번째

きゅう/く 큐-/쿠 구
ここのつ 코코노츠 아홉 개, 아홉
きゅうにん 큐-닌 아홉 사람
きゅうさい 큐-사이 아홉 살
きゅうばん 큐-방 아홉 번째

じゅう 쥬- 십
とお 토- 열 개, 열
じゅうにん 쥬-닌 열 사람
じゅうさい 쥬-사이 열 살
じゅうばん 쥬-방 열 번째

위치와 방향에 관한 단어 익히기

うえ 우에 위
ひだり 히다리 좌

した 시타 아래
みぎ 미기 우

なか 나카 안/속

うしろ
우시로 뒤

あたり
아타리 근처

よこ 요코 옆
となり 토나리 이웃, 옆

まえ 마에 앞

むかい
무카이 맞은편

むこう
무코- 저쪽

きた 키타 북쪽

にし 니시 서쪽

ひがし 히가시 동쪽

みなみ 미나미 남쪽

얼굴에 관한 단어 익히기

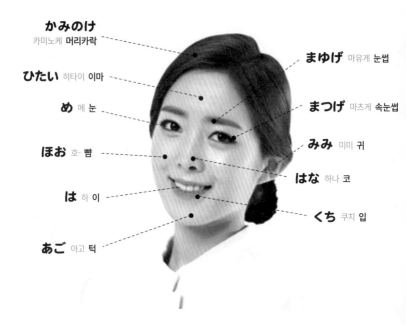

かみのけ
카미노케 **머리카락**

ひたい 히타이 이마

め 메 눈

ほお 호- 뺨

は 하 이

あご 아고 턱

まゆげ 마유게 눈썹

まつげ 마츠게 속눈썹

みみ 미미 귀

はな 하나 코

くち 쿠치 입

- **ひげ** 히게 수염
- **にきび** 니키비 여드름
- **えくぼ** 에쿠보 보조개

- **そばかす** 소바카스 주근깨
- **しわ** 시와 주름

286

かた 카타 어깨

あたま 아타마 머리

ゆび 유비 손가락

てくび 테쿠비 손목

て 테 손

くび 쿠비 목

うで 우데 팔

ひじ 히지 팔꿈치

せ 세 등

わき 와키 겨드랑이

はら 하라 배

むね 무네 가슴

もも 모모 허벅지

しり 시리 엉덩이

ふくらはぎ 후쿠라하기 종아리

ひざ 히자 무릎

あしくび 아시쿠비 발목

あし 아시 발(다리)

あしのゆび 아시노유비 발가락

いちがつ
이치가츠

にがつ
니가츠

さんがつ
산가츠

しがつ
시가츠

ごがつ
고가츠

ろくがつ
로쿠가츠

しちがつ
시치가츠

はちがつ
하치가츠

くがつ
쿠가츠

じゅうがつ
쥬-가츠

じゅういちがつ
쥬-이치가츠

じゅうにがつ
쥬-니가츠

しんねん 신넨 새해

はる 하루 봄

なつ 나츠 여름

あき 아키 가을

ふゆ 후유 겨울

クリスマス
쿠리스마스 크리스마스

- **おととし** 오토토시 재작년
- **さくねん** 사쿠넨 작년
- **ことし** 코토시 올해, 금년
- **らいねん** 라이넨 내년
- **さらいねん** 사라이넨 내후년
- **いちねん** 이치넨 일년

- **せんげつ** 센게츠 지난 달
- **こんげつ** 콘게츠 이번 달
- **らいげつ** 라이게츠 다음 달
- **さらいげつ** 사라이게츠 다다음 달

- **おととい** 오토토이 그제
- **きのう** 키노- 어제
- **きょう** 쿄- 오늘
- **あした** 아시타 내일
- **あさって** 아삿테 모레

- **あさ** 아사 아침
- **ひる** 히로 점심
- **よる** 요로 밤

289

시간에 관한 단어 익히기

いちじ
이치지 1시

にじ
니지 2시

さんじ
산지 3시

よじ
요지 4시

ごじ
고지 5시

ろくじ
로쿠지 6시

しちじ
시치지 7시

はちじ
하치지 8시

くじ
쿠지 9시

じゅうじ
쥬-지 10시

じゅういちじ
쥬-이치지 11시

じゅうにじ
쥬-니지 12시

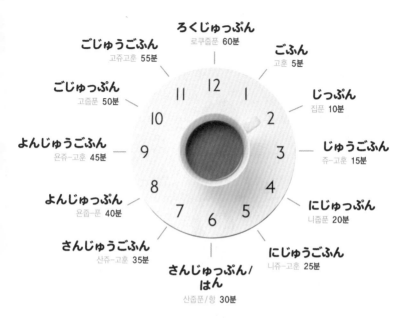

ろくじゅっぷん 로쿠줍푼 60분

ごじゅうごふん 고쥬고훈 55분

ごじゅっぷん 고줍푼 50분

よんじゅうごふん 욘쥬-고훈 45분

よんじゅっぷん 욘줍-푼 40분

さんじゅうごふん 산쥬-고훈 35분

さんじゅっぷん／ はん 산줍푼／항 30분

ごふん 고훈 5분

じっぷん 집푼 10분

じゅうごふん 쥬-고훈 15분

にじゅっぷん 니줍푼 20분

にじゅうごふん 니쥬-고훈 25분

- **いっぷん** 입푼 1분
- **にふん** 니훈 2분
- **さんぷん** 산푼 3분
- **よんぷん** 욘푼 4분
- **ごふん** 고훈 5분
- **ろっぷん** 롯푼 6분
- **ななふん** 나나훈 7분
- **はっぷん** 핫푼 8분
- **きゅうふん** 큐-훈 9분
- **じゅっぷん** 줍푼 10분

- **いちびょう** 이치뵤- 1초
- **にびょう** 니뵤- 2초
- **さんびょう** 산뵤- 3초
- **よんびょう** 욘뵤- 4초

- **なんじ** 난지 몇 시
- **なんぷん** 난푼 몇 분
- **なんびょう** 난뵤- 몇 초

다른 가족을 말할 때   자기 가족을 말할 때

おとうさん
오토-상 **아버지**

ちち 치치 아버지

おじいさん
오지-상 **할아버지**

そふ 소후 할아버지

おかあさん
오카-상 **어머니**

はは 하하 어머니

おばあさん
오바-상 **할머니**

そぼ 소보 할머니

おにいさん
오니-상 **형, 오빠**

あに 아니 형, 오빠

おとうとさん
오토우토상 **남동생**

おとうと 오토우토 남동생
むすこ 무스코 아들

おねえさん
오네-상 **언니**

あね 아네 누나, 언니

いもうとさん
이모-토상 **여동생**

いもうと 이모-토 여동생
むすめ 무스메 딸

292

きょうだい
쿄-다이 형제

りょうしん
료-싱 부모님

おっと 옷토 남편
つま 츠마 아내

おい 오이 조카
めい 메이 조카딸

しんせき 신세키 친척

むこ 무코 사위
よめ 요메 며느리

いとこ 이토코 사촌

おじさん
오지상 아저씨

おばさん
오바상 아주머니

293

● 동작에 관한 단어 익히기

あるく 아루쿠 걷다

りょうりする
료-리스루 요리하다

うたう 우타우 노래하다

かく 카쿠 쓰다

べんきょうする
벤쿄-스루 공부하다

かう 카우 사다

のる 노루 타다

ねる 네루 자다

よむ 요무 읽다

はしる 하시루 달리다

たべる 타베루 먹다

すわる 스와루 앉다

たたかう 타타카우 싸우다

みる 미루 보다

いう 이우 말하다

きく 키쿠 듣다

きる 키루 입다

のむ 노무 마시다

무조건 일본여행회화

1판 2쇄 발행 2024년 3월 10일

엮은이 일본어교재연구원
펴낸이 윤다시
펴낸곳 도서출판 예가

주   소 서울시 영등포구 영신로 45길 2
전   화 02-2633-5462   **팩스** 02-2633-5463
이메일 yegabook@hanmail.net   **블로그** http://blog.naver.com/yegabook
인스타그램 http://instagram.com/yegabook
등록번호 제 8-216호

ISBN 978-89-7567-651-2 13730